◆ 체계적이고 간단 명료한 ◆

테니스의 타법과 전략

테니스 매거진지 編輯部 / 하남길 譯

一信書籍出版社

Jimmy Connors

Guillermo Vilas

John McEnroe
Jimmy Connors
Jimmy Arias
Ivan Lendl
Guillermo Vilas
Andres Gomez

Johan
Kriek
Yannick Noah

Ivan Lendl

Martina Navratilova

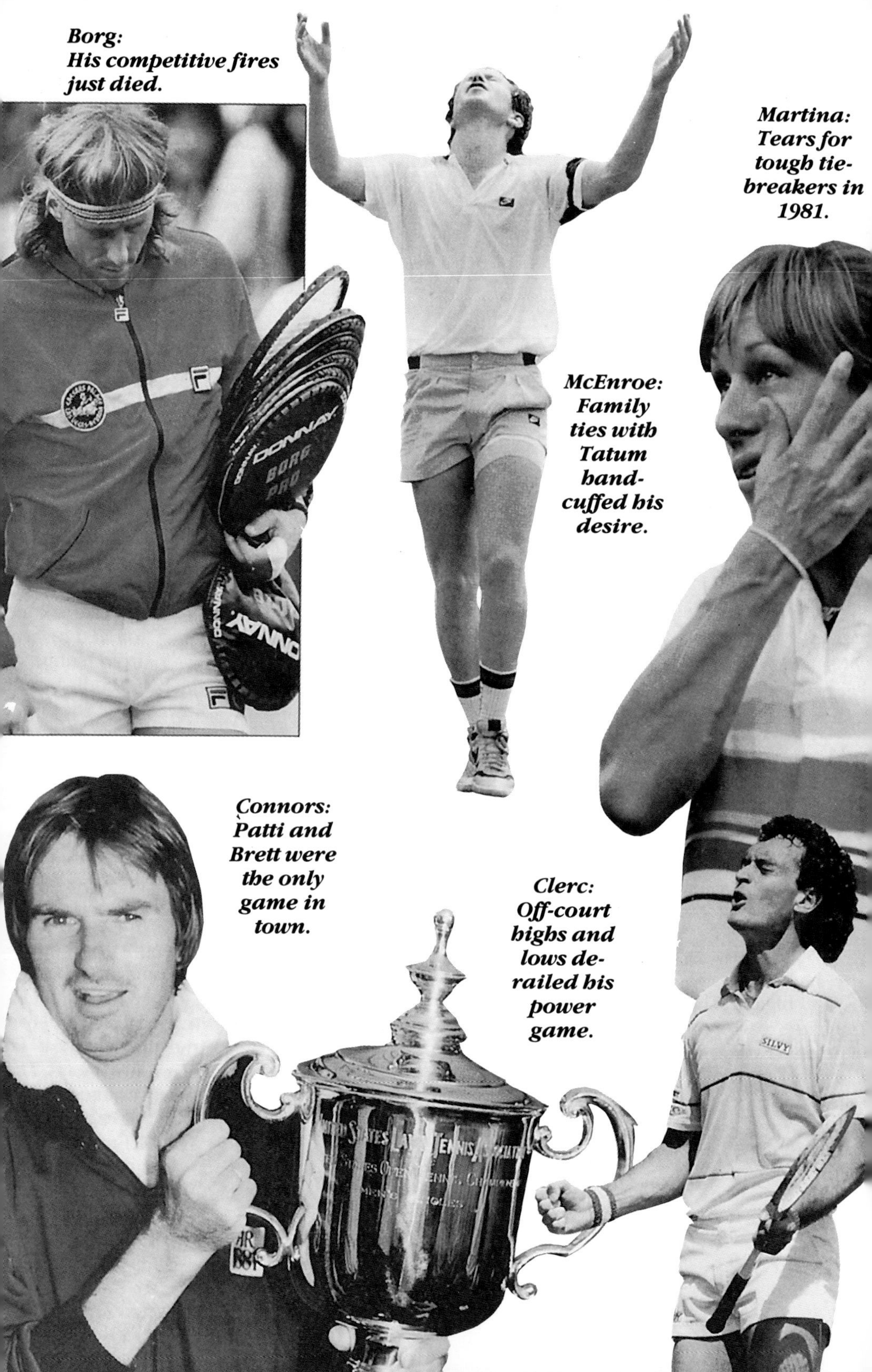

Borg:
His competitive fires
just died.

Martina:
Tears for
tough tie-
breakers in
1981.

McEnroe:
Family
ties with
Tatum
hand-
cuffed his
desire.

Connors:
Patti and
Brett were
the only
game in
town.

Clerc:
Off-court
highs and
lows de-
railed his
power
game.

이 책에 관하여

■ 사진 : 테니스 매거진지의 자문 위원(좌로부터) 로이 에머슨, 토니 트라버트, 빅 세이사스, 빌 프라이스, 조지 라트, 론 홈버그.

테니스 전문가가 초보자에게 테니스를 가르칠 때는 라켓의 그립을 잡는 방법 또는 폴로우 드루가 끝나는 위치 등에 관한 이론적인 설명보다는 코트로 데리고 나가서 실제로 시범부터 보일 것이다.

이 책이 다른 테니스 서적과 비교해서 훨씬 더 도움이 되리라 믿는 이유도 바로 이러한 점에 있다. 일반적인 테니스 서적에서는 어떻게 하면 훌륭한 플레이를 펼쳐 보일 수 있는가 하는 것을 이론적으로 설명하려 한다. 그러나 이 책은 테니스에 관한 모든 것을 직접 행동으로 보여 준다. 스트로크의 중요한 구성요소를 분리하여 보여 준 다음 끝에 가서 요점을 정리한다.

이 책의 모든 자료는 테니스 매거진지에 매월 시리즈로 게재된 내용의 제 2 부를 수록한 것이다(제 1 부는 테니스의 스트로크와 전략에 관한 것이었다). 테니스 매거진지에 시리즈로 게재된 후 한 권의 책으로 출판되기까지는 3년의 세월이 걸렸으며, 편집자들은 이 모든 자료를 재검토하여 편집하였다.

이 책의 각 장은 사진, 그림, 그리고 본문을 통하여 성공적인 테니스 플레이의 원리를 간단 명료하게 밝히고 있다. 기초적인 포핸드 드라이브에서부터 어려운 로브 발리에 이르기까지 모든 스트로크의 완전하고 정확한 동작을 고속촬영에 의한 연속 사진으로 엮어 설명하였다. 그리고 중요한 부분은 옆에 삽화를 넣어 재차 강조하였으며, 경기의 전략은 몇 가지 전형적인 것을 통하여 진전을 가져올 수 있도록 코트의 도형을 이용하여 설명하였다.

테니스 매거진지의 자문 위원회와 편집자들에 의해서 개발된 독특한 설명법은 사진을 통한 교수접근방식이다. 동지의 발행인 아셔 버바움에 의해서 편성된 이 위원회는 독창적인 교수방법의 측면에서 활발히 참여했다. 지금까지 테니스에 관해서 이처럼 많은 전문가의 의견이 하나로 모아져 엮어진 책은 거의 없을 것이다. 6명의 자문 위원들이 획득한 단·복식의 세계 타이틀은 59개나 되며 데이비스 컵에 출전한 횟수는 그들도 헤아릴 수 없을 정도다. 더우기 그들은 테니스의 지도에 관한 풍부한 경험과 열정을 갖고 있는데 그 멤버들을 소개하면 다음과 같다.

•**토니 트라버트**: 1955년 세계 3대 타이틀 〈전미(全美), 윔블던, 전불(全佛)〉을 획득했다. 가장 최근에는 미국 데이비스 컵 대표팀 주장을 역임했고 CBS TV의 테니스 해설자로 활약했으며, 캘리포니아주 오제이의 청소년을 위한 여름 테니스 캠프를 맡았었다.

•**로이 에머슨**: 호주 출신으로 역대 단식 타이틀을 가장 많이 획득(12개)한 사람으로서 애리조나주 스코트데일에 있는 「레지스트리 리조트 테니스」의 지도자인 동시에 보스턴 랍스터스 팀의 코치로 일해 왔다.

•**빅 세이사스**: 전미 선수권 및 윔블던 챔피언의 경력을 가진 자로서 아직도 장년부 세계 10위에 랭크된 영원한 젊음을 자랑하는 플레이어다. 웨스트 버지니아주 화이트 설퍼 스프링스의 유명한 그린버리어 휴양지에서 테니스 프로그램을 관장하고 있다.

•**론 홈버그**: 몇 해 전 미국 랭킹 4위에 오른 적이 있으며 뛰어난 터치 플레이어다. 웨스트 포인트에서 테니스를 지도하며, 코네티케트주 켄트에서 성인과 청소년을 위한 여름 테니스 캠프를 운영하고 있다.

•**조지 라트**: 일반적으로 복식 전문선수로 알려져 있으며, 전미, 윔블던에서 11개의 복식 타이틀을 획득한 바 있다. 시카고 지역의 클럽과 대학에서 테니스를 지도하고 있다.

•**빌 프라이스**: 테니스로 전향한 전 탁구의 챔피언으로 윔블던 챔피언 척 맥커널리와 같은 우수한 선수를 길러낸 훌륭한 코치다.

이상의 6명과 편집자들은 매년 겨울이 되면 회의를 통하여 이 책에 있는 자료를 정리했다(편집자들은 추운 코네티케트주를 피해서 항상 따뜻한 플로리다주나 카브리해 지역에서 회합을 가졌다).

회의가 있을 때마다 편집장 제프 베스 스토우의 사회로 매일 아침 활발한 원탁 토론을 통하여 한두 개의 주제로 그 범위를 좁혀갔다. 미술담당인 스탠 브레이브먼과 연속 사진 담당자 에드 버빌도 역시 자리를 같이했다. 이 두 사람도 토론에 참가하므로써 오후에 찍을 사진에 필요한 모든 문제를 충분히 이해할 수 있게 되었다. 사진촬영이 끝나면 그 자문 위원들은 그들끼리 시합을 하곤 했는데 항상 많은 관중을 끌어들였다. 네 명의 전 윔블던 챔피언들이 한 코트에서 펼치는 플레이를 볼 수 있는 기회가 쉽지 않기 때문이었다.

이 책을 만들기 위한 모든 자료의 정리는 제프 베어스토우가 맡았다——미술가 레드 휘슬러가 제공한 그림과 고속 촬영사진, 원탁 토론의 결론 등을 옮겨 정리하되 최후에는 다시 모든 자문 위원들의 지시와 충고를 수렴했다.

이 책에 그들의 테니스에 관한 모든 지식이 포함되어 있으며 특히 그림 위주의 구성은 여러분에게 큰 도움이 될 것으로 믿는다. 테니스를 시작하려는 사람이나 현재 테니스를 익히고 있는 사람에게 필요한 모든 것이 이 책속에 망라되어 있다. 우리가 바라는 것은 이 책이 더 훌륭한 플레이, 더 많은 승리를 위해서 도움이 되었으면 하는 것이다. 그러나 무엇보다도 이 책으로 인하여 모두가 테니스를 즐길 수 있게 되길 바란다.

세퍼드 캠벨
(테니스 매거진지 편집인)

역자의 말

우리나라의 테니스는 짧은 역사 속에서 비약적인 발전을 해 왔으며 그 저변 인구 또한 괄목할 만한 확대를 이룩했다. 그러나 한국 선수들의 기량이 세계 정상을 넘보기까지는 많은 노력과 과학적인 연구를 필요로 하고 있음을 부인할 수 없을 것이다.

역자는 과거 일선 학교의 테니스 지도자 시절은 물론 현 대학 강단에서 테니스 강좌를 맡으면서 많은 테니스 서적을 대하여 왔으나 주위의 테니스 애호가나 테니스를 전공으로 익혀야 하는 학생들에게 권할 수 있는 한 권의 책을 찾는 데 갈증을 느껴오던 중「How To PLAY How To WIN」이란 이 책을 보고 과히 테니스의 정석을 말하는 성서라 불러도 좋다는 생각을 갖게 되었다.

이 책이 훌륭하다고 생각되는 까닭은 무엇보다도 체계적이고 간단명료함에 있다고 하겠다.

이 책의 편찬에 참여한 전문가들은 세계 테니스계의 왕좌에 오를 만큼 풍부한 선수 경력과 지도자로서의 경험도 함께 갖춘 자들이었다.

역자는 이 책이 전문 지도자는 물론 테니스를 아끼고 즐기는 일반 애호가들에게도 친절한 스승이 되어 주리란 것을 믿어 의심치 않으면서 우리말로 옮기는 작업을 시작했다. 다만 이 책의 아쉬운 점이 있다면 초보자들에게 용어의 해설이나 규칙, 시설 등에 관한 언급이 없이 타법과 전략에 관해서만 다루었다는 점이다. 그러나 완전한 타법과 전략을 체득한다면 그 외의 부분이야 어디서나 찾아볼 수 있다고 생각할 때 별 문제될 것은 없다. 이 책이 테니스를 지도하는 분이나 혼자서 테니스를 배우고 즐기는 모든 분에게 조금이나마 도움이 된다면 역자로서는 더 이상 바랄 것이 없다.

끝으로 이 책이 출판되기까지 원고 정리에 도움을 준 후배 김현옥 군과 권애주 양에게 고마움의 뜻을 전하며, 여러 가지 어려운 여건에서도 이 책을 출간해 주신「일신서적공사」관계자 여러분께 감사의 마음을 전하는 바이다.

역자

차 례

◆ 체계적이고 간단 명료한 ◆

테니스의 타법과 전략

THE FOREHAND
포핸드

포핸드의 타법

포핸드는 테니스의 모든 샷(Shots) 중에서 가장 기본이다—워크호스 스트로크(Workhorse Stroke)는 일반적으로 초보자가 배우는 기초적인 스트로크인 동시에 수준 높은 선수들의 경기를 통해서도 볼 수 있는 스트로크이다. 포핸드의 동작은 대부분의 경기자에게 있어서 편하고 쉽다고 느껴지는데 그것은 야구배트를 휘두르는 동작과 비슷하므로 평소에 익숙해져 있기 때문일 것이다. 그런데 포핸드를 잘 칠 수 있는 뚜렷하고 결정적인 열쇠가 몇 가지 있다. 이러한 것들에 대하여 다른 기본적인 그라운드 스트로크나 백핸드와도 관련지어 이 장에서 다루고자 한다.

1. 준비자세 (Assume the ready position)

그라운드 스트로크를 하기 위하여 백코트에 서 있을 때―포핸드이든 백핸드이든― 복싱선수와 비슷하게 상체를 약간 구부린 상태로 볼을 기다려라. 스탠스(stance)는 적어도 어깨 넓이 정도로 유지하고 무릎을 구부려 상체를 약간 앞으로 기울인 상태에서 편안한 자세를 취하라. 그림에 나타난 토니 트라버트의 자세와 같이 발 앞에 볼이 떨어졌을 때 체중을 앞으로 이농시킬 수 있도록 몸을 충분히 굽힌 상태로 준비자세를 취한다.

라켓은 자신의 정면에 바르게 유지하고 지면과 거의 평행하게 유지시켜라. 그러면 포핸드나 백핸드를 하기에 적당한 거리에서 스윙할 수 있는 준비자세가 될 것이다. 다른 손으로는 라켓의 목을 어린애 어르듯이 가볍게 잡아라. 그러면 백스윙을 할 수 있는 기본자세가 될 것이다.

2. 이스턴 그립을 써라.
(Use the Eastern-grip)

포핸드를 위해 권하는 그립은 이스턴 포핸드 그립(Eastern forehand girp)인데 잡는 방법은 라켓과 악수하듯이 쥐는 방법이다(Shake hands grip이라고도 함).

이스턴 포핸드 그립을 가장 적절하게 쥐는 방법은 라켓의 헤드(head)를 몸 앞으로 치켜 올리고 다른 손으로 라켓의 목(neck)을 잡은 다음, 라켓을 잡으려는 손바닥을 줄(gut) 위에 편편하게 놓고 그대로 그립까지 쓸어내려 움켜쥐는 것이다. 손바닥을 라켓면처럼 라켓 뒤에 댄 상태에서 핸드볼의 경우와 같이 손바닥으로 볼을 칠 때를 연상하면 쉽게 이해가 될 것이다. 엄지손가락과 집게손가락을 펴서 라켓을 꼭 잡고 볼을 친다. 그러나 여기서 주의할 점은 그립을 단단히 잡기 위하여 어깨나 팔에 무리한 힘이 들어가서는 안 된다는 사실이다.

다른 그립으로 성공적인 스트로크를 구사할 수 없다면 이스턴 포핸드 그립을 익혀라.

3. 라켓을 잡지 않은 손을 잘 이용하라
(Don't neglect the other hand)

준비자세에서 그립을 잡지 않은 다른 손은 라켓의 목을 어린애 어르듯이 잡아 백스윙을 위한 보조역할에 충분히 이용하라는 것이다. 즉 날아오는 볼이 일단 포핸드라고 판단이 내려지면 백스윙을 시작할 때 라켓을 뒤로 가져가는 동작을 위하여 밀어 주는 역할을 해야 하는 것이다. 백스윙의 첫단계에 다른 손을 사용하는 것은 상체와 어깨를 회전시키는 동작으로 이것은 포핸드 준비동작에 있어서 가장 중요한 부분 중의 하나이다 (다음 페이지의 그림 참조).

그러나 너무 오래 잡고 있지 말고 자연스럽다고 느낄 때 손을 떼어 주면 된다.

■ 사진/토니 트라버트의 시범

4. 볼을 향하여 나아가라
(Step toward the ball)

몸을 회전하여 백스윙을 할 때 머리는 날아오는 볼에 시선을 둔 채로 볼이 공중에 떠 있을 예상선을 향하여 상체를 회전시키면서 백스윙을 하라. 먼저 발을 선회하여 강하게 전진할 수 있도록 체중을 뒷발에 싣고 발끝을 이용하여 좁고 빠른 스텝으로 예상되는 볼의 낙하지점에서 대략 라켓의 길이만큼 간격을 두고 백펜스에 가까운 발 즉 뒷발에 체중을 실어라. 이것은 볼의 낙하지점을 향한 마지막 스텝과 강력한 포핸드를 위한 준비자세로서 중요한 요소가 될 것이다.

5. 먼저 상체를 회전 시켜라 (Pivot your upper body first)

포핸드로 쳐야 할 것이라는 판단이 내려지면 백스윙을 시작하고 심지어 발을 움직이기 전이라도 라켓을 든 팔이 뒤로 가도록 어깨와 엉덩이를 돌려라. 이러한 상체의 회전은 스트로크를 위하여 팔과 라켓의 적당한 위치를 잡아 줄 것이며 만약 볼이 예상보다 빨리 왔을 경우라도 좋은 타구를 할 수 있는 기초가 될 것이다.

상체를 회전할 경우 당신의 라켓은 자연히 뒤로 가게 될 것이므로 완전한 백스윙을 위한 팔의 동작을 쉽게 계속할 수 있을 것이다. 물론 회전을 끝냈을 때는 볼을 쉽고 편안하게 칠 수 있는 자세가 되도록 뒤에 있는 발을 이용하여 볼의 방향으로 체중을 이동시키면서 몸의 회전을 시작해야 한다. 회전을 먼저하고 스텝을 옮겨야 한다는 사실을 잊어서는 안 된다.

6. 라켓 헤드는 세워라
(Keep your racquet head up)

라켓을 뒤로 가져갈 때 라켓을 늘어뜨리지 말아라. 라켓의 헤드는 손목보다 높은 상태로 유지시켜야 한다. 만약 라켓을 손목보다 아래로 늘어뜨린다면 손목의 힘으로만 치는 결과가 되며 또한 볼의 밑을 쳐서 약한 스트로크를 할 수밖에 없을 것이다.

라켓의 그립을 지면과 평행하게 혹은 약간 올려서 뒤로 가져가라. 만약 이와 같은 백스윙 방법으로 앞쪽을 향해 스윙한다면 보다 강하고 깊숙한 포핸드를 구사할 수 있을 것이다.

7. 백스윙은 직선으로 하라
(Swing the racquet straight back)

가장 빠른 백스윙(라켓을 뒤로 가져가는 동작)의 열쇠는 거의 수평으로 라켓을 뒤로 가져가는 데 있다. 그럴 경우 예상되는 볼의 도달지점보다 약간 낮은 위치에 라켓을 둘 수 있고 그것은 곧 앞쪽으로 스윙하여 볼에 스핀을 걸 수 있는 유리한 방법의 하나가 될 것이다.

만약 당신이 크게 돌려 백스윙을 한다면 라켓을 볼 아래로 상당히 예리한 각도로 가져가는 결과가 될 것이며 포핸드가 마치 로브의 타법과 같이 볼을 치게 되어 스트로크시 많은 시간이 필요하게 될 것이다.

따라서 라켓은 가능한 한 빨리 그리고 부드럽게 직선으로 백스윙을 하고 라켓면은 지면과 수직이 되게 유지하라(위의 사진 E, F에서의 트라버트의 라켓처럼 약간 기운 상태가 아니어야 한다).

8. 체중은 뒷발에 두라
(Get your weight back)

볼이 낙하하면서 다시 바운드될 지점으로 이동할 때 볼을 칠 지점에서 한 스텝 정도 물러나서 가능한 한 체중은 뒷발에 오도록 하라. 그러면 정확한 거리를 맞추어 볼을 칠 수 있으며 즉시 체중을 앞발로 옮길 수 있다. 타구시 체중을 실어 줌으로써 강하고 깊은 포핸드를 구사할 수 있을 것이다. 그러기 위해서는 볼을 향한 마지막 스텝을 위하여 잠시 멈추는 순간 곧장 체중을 뒤에 두어야 한다.

9. 백스윙시 라켓 헤드의 끝은 펜스를 향하게 하라
(Point your racquet at the fence)

라켓 끝이 백펜스를 향한 채로 백스윙을 끝내라. 만약 라켓을 뒤로 더 뺀다면 당신은 손목을 많이 구부리게 될 것이고 따라서 스트로크는 라켓을 손목으로 볼에 들이대는 불안정한 상태가 되고 말 것이다. 손목을 단단하게 고정시켜라. 왜냐하면 포핸드는 기본적으로 손목동작이 없이 거의 팔과 어깨를 이용하기 때문이다.

만약 일찍 준비가 되어 있다면, 스윙하기 위하여 전진할 수 있는 적절한 순간이 올 때까지 라켓의 끝이 뒤쪽 펜스를 향하게 유지할 수 있다. 만약 당신이 정확하게 백스윙을 끝내지 않았다면 당신을 위하여 체크해 주는 친구가 필요하다. 그리고 적당한 지점에서 멈출 때까지 조정하기를 권한다.

10. 볼을 향해 발을 내디뎌라
(Step to the ball)

다가오는 볼을 치기 위하여 준비를 할 때 앞발을 내디뎌라 (오른손잡이인 경우 왼발). 그렇게 하므로써 체중을 앞으로 옮길 수 있으며 볼을 맞힐 때 최대한의 힘을 가할 수가 있다. 이때의 앞발은 대략 시계의 두 시 방향으로 내디뎌 날아오는 볼과 평행이 되게 하라. 그러면 오픈 스탠스와 유사한 상태를 유지할 수 있게 될 것이다. 그것은 볼을 맞히기 위하여 라켓을 주위로 움직일 때 몸을 적절히 회전시킬 수 있어서 가능한 한 스트로크에 많은 힘을 가할 수 있음을 의미한다.

11. 체중은 앞으로 이동시켜라
(Get your weight forward)

앞으로 스윙을 시작할 때 앞발에 체중이 오도록 하라. 사진에서와 같이 뒷발은 단지 신발의 끝이 코트에 닿을 정도로 두고 앞발에 체중을 싣고 발을 확고히 유지시켜라. 만약 높은 포핸드를 칠 경우가 아니면(22페이지를 보라), 라켓의 헤드 부분을 떨어뜨리지 않고 라켓이 볼을 맞힐 수 있도록 무릎을 굽히는 것을 잊지 말라. 무릎을 구부린 상태는 임팩트 순간까지 계속 유지시켜야 한다.

12. 라켓을 꽉 쥐어라
(Girp the racquet firmly)

당신의 타격에 조정력을 높이기 위하여 볼을 향해 스윙할 때는 손목을 굳히고 그립을 단단히 쥐어야 한다. 이때 라켓 손잡이를 꽉 쥐면 팔목이 자동적으로 굳혀짐을 느낄 것이다. 그리고 계속해서 볼에 접촉하는 순간까지 그립을 꽉 쥐도록 노력하라. 단단하게 잡은 그립은 그립이 손 안에서 흔들리는 것을 막아 주며 의도한 샷을 성공적으로 구사하는 데 도움이 될 것이다. 단단히 힘을 주어 굳힌 손목은 샷이 너무나 약해져 네트를 넘지 못할 정도로 흔들리는 스트로크를 피하는 데도 도움을 줄 것이다.

13. 볼을 밀어쳐라
(Hit through the ball)

　허리보다 약간 아래에서 시작하여 지면과 거의 수평으로 포워드 스윙을 하되 라켓면은 지면과 수직을 유지하고 앞엉덩이의 정반대에서 볼을 맞혀라. 샷의 방향을 최대한 조절할 수 있도록 라켓을 볼과 접촉하여 계속적으로 쳐라. 즉, 볼을 보내고자 하는 방향으로 되도록이면 긴, 연속적인 스윙을 하라는 것이다. 볼에 스핀을 넣는 데 대해서는 걱정하지 말라. 허리높이에서 볼을 치고 난 후 폴로우 드루가 위쪽으로 계속되기 때문에 자연스럽게 샷에 톱스핀을 줄 수 있을 것이다. 그것이 바로 당신이 필요로 하는 스핀이 될 것이다.

14. 타구의 방향조정
(Control the direction)

타구의 낙하지점은 몸의 위치와 관련된 스트로크의 시간에 의하여 결정된다. 만약 사진에서처럼 선수의 앞쪽 엉덩이와 정반대편의 위치에서 볼을 맞힌다면 사이드라인과 평행으로 날아가는 타구가 될 것이다. 그러나 앞엉덩이보다 약간 앞쪽에서 볼을 맞혀 폴로우 드루를 하면 코트의 대각선 즉 크로스 코트로 볼을 보낼 수 있을 것이다.

15. 시선은 볼에 고정시켜라
(Keep your eyes on the ball)

이상적으로 볼이 라켓의 면에 맞는 순간까지 똑바로 볼에 시선을 고정시켜라. 그러한 시각적 반응을 이용하는 사람은 흔하지 않다. 그러나 그렇게 되도록 노력해야 하고 적어도 임팩트 전 2피트 앞에까지의 볼은 볼 수 있어야 한다. 마지막 몇 피트를 날고 있는 볼은 마음속에 그려볼 수 있도록 강하게 주의를 집중시켜라. 만약 볼을 바라보는데 문제가 된다면 골프를 치는 사람처럼 볼을 치고 난 후 계속해서 머리가 따라가도록 하라. 볼을 더 잘 따라가면 갈수록 가장 좋은 지점에서 볼을 칠 수 있게 될 것이다.

16. 폴로우드루는 가능한 한
끝까지 하라

(Swing forward in your follow-through)

볼이 라켓에 맞아 나갈 때 볼을 보내고자 하는 방향으로 끝까지 폴로우 드루하되 가능한 한 멀리 끝까지 스윙하라. 그러면 라켓에서 동작의 운동량이 몸을 가로질러 나아가게 되고 다른편 하늘을 가리키면서 끝날 것이다. 완전한 폴로우 드루를 했을 경우, 네트 위로 날아갈 때의 볼을 바라볼 것이기 때문에 팔 위로 통하여 날아가는 볼을 보듯이 해야 한다. 그러나 볼에서 시선을 떼어서는 안 될 것이며 다시 준비자세로 돌아가 다음 샷을 준비해야 한다.

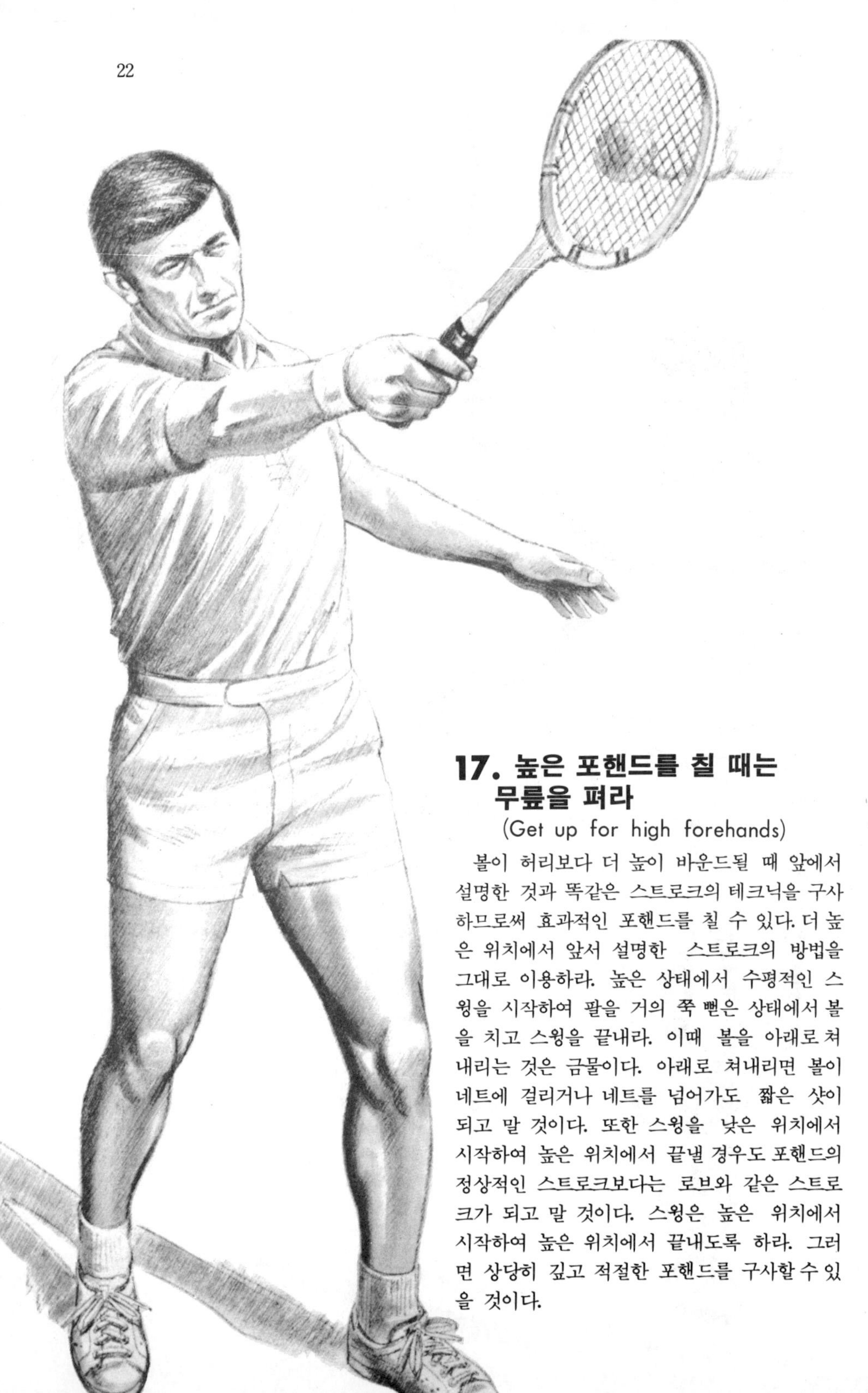

17. 높은 포핸드를 칠 때는 무릎을 펴라
(Get up for high forehands)

볼이 허리보다 더 높이 바운드될 때 앞에서 설명한 것과 똑같은 스트로크의 테크닉을 구사하므로써 효과적인 포핸드를 칠 수 있다. 더 높은 위치에서 앞서 설명한 스트로크의 방법을 그대로 이용하라. 높은 상태에서 수평적인 스윙을 시작하여 팔을 거의 쭉 뻗은 상태에서 볼을 치고 스윙을 끝내라. 이때 볼을 아래로 쳐내리는 것은 금물이다. 아래로 쳐내리면 볼이 네트에 걸리거나 네트를 넘어가도 짧은 샷이 되고 말 것이다. 또한 스윙을 낮은 위치에서 시작하여 높은 위치에서 끝낼 경우도 포핸드의 정상적인 스트로크보다는 로브와 같은 스트로크가 되고 말 것이다. 스윙은 높은 위치에서 시작하여 높은 위치에서 끝내도록 하라. 그러면 상당히 깊고 적절한 포핸드를 구사할 수 있을 것이다.

18. 낮은 포핸드를 위해 서는 무릎을 굽혀라

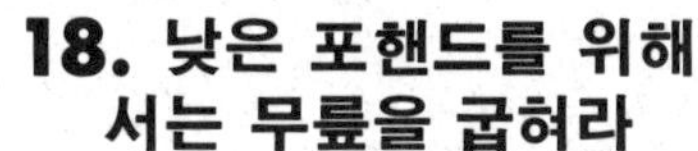

(Bend your knees for low forehands)

볼이 허리보다 더 낮게 바운드 될 때는 무릎을 굽히고 몸을 구부려서 볼 쪽으로 자세를 낮추어라. 그리고 가능한 한 정석의 포핸드 스트로크의 방법을 이용하라. 몸을 낮춘 자세에서 볼을 만나야 시선이 볼의 비행선과 더 가까이에 있을 수 있고, 그것은 볼을 보다 정확히 볼 수 있는 열쇠가 될 것이다. 특히 그러한 스탠스는 볼을 적절히 칠 수 있는 좋은 자세가 될 것이다. 여기서도 폴로우 드루를 끝까지 쭉 뻗어 주는 것을 잊어서는 안 된다.

포핸드를 위한 요점

1. 처음부터 끝까지 볼을 주시하라.
2. 가능한 한 빨리 백스윙을 하라.
3. 정확한 타점은 앞쪽으로 있는 엉덩이의 정반대 위치 즉, 앞발과 일직선의 위치임을 기억하라.
4. 임팩트시 손목을 고정시키고 그립은 단단히 쥐어라.
5. 볼은 끝까지 치고, 길고 높은 폴로우 드루를 하라.

THE BACKHAND
백핸드

오우버스핀 백핸드의 타법

보통 경기자들에게 백핸드는 어떤 스트로크보다 더 어렵다. 그것은 라켓을 든 팔이 몸의 반대편에서 볼을 쳐야 하는 동작이기 때문이다. 오른손잡이의 경우 동작은 좌측에서 수행되지만 백핸드의 타구 동작 자체는 몸의 오른편에서 이루어진다. 그러나 적절한 준비자세의 여하에 따라 잘 극복할 수 있는 문제다.

필자는 테니스를 시작할 때 자연스런 오우버스핀 백핸드를 익힐 것을 권한다. 즉 경기자가 볼이 날아오는 것보다 약간 아래에서 라켓을 전방으로 가져가고 약간 위에서 높은 폴로우 드루로 동작을 끝맺는 것이다. 그렇게 하므로써 상대편 코트 깊숙이 볼을 보낼 수 있을 뿐 아니라 오우버스핀을 걸 수 있을 것이다.

이 장에서 물론 언더스핀 백핸드(Underspin backhand)나 양손으로 치는 백핸드(The two-handed backhand) 타법도 다루어질 것이다.

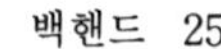

1. 판 단
(Make a decision)

백핸드와 포핸드 모두 그라운드 스트로크를 시작하는 위치는 똑같다. 그것은 볼이 어느 쪽으로 올 것인지 모르기 때문에 그에 대한 적절한 준비자세를 취해야 하기 때문이다. 중요한 것은 가능한 한 볼이 네트를 넘어오기 전에 포핸드로 칠 것이냐 백핸드로 칠 것이냐를 재빨리 판단하는 것이 정확한 스트로크의 중요한 열쇠이다. 만약 당신의 상대가 어느 한쪽으로 깊은 각도의 샷을 치면 그 결정은 쉽다. 그쪽 코너로 움직여서 가장 가까운 쪽에서 볼을 맞히면 된다. 그러나 만약 그 볼이 정면으로 온다면 포핸드이건 백핸드이건 더 자신 있는 쪽에서 볼을 받는 것이 유리한 것은 물론이다. 그 다음 중요한 것은 가능하면 빨리 움직이는 것을 잊지 않는 것이다.

2. 이스턴 백핸드 그립을 사용하라
(Use an Eastern backhand grip)

　대부분의 초보자나 중급의 경기자들은 포핸드와 백핸드의 드라이브를 구사할 때는 각각 다른 그립을 사용해야 한다. 만약 당신이 많은 경기자들처럼 이스턴 포핸드나 세이크핸드 그립을 사용하려면(12페이지를 보라), 백핸드를 구사할 때에는 이스턴 백핸드 그립을 사용해야 한다. 이스턴 백핸드는(오른손잡이에게) 정확한 포핸드 그립에서 손을 약 4/1정도 왼쪽으로 돌려잡으면 된다(삽화를 보라). 그것은 라켓 손잡이 뒤에 있는 엄지손가락을 요령 있게 이용하므로써 당신이 스트로크를 시도할 때 볼을 완전히 지지하고 밀어줄 수 있을 것이다. 손가락은 약간 벌리고 엄지손가락은 손잡이를 가로질러 대각선으로 가도록 해야 한다. 그립을 잡지 않은 다른 손을 이용하므로써 빨리 한쪽 그립에서 다른 그립으로 바꾸어 잡는 데 용이하다. 포핸드 그립에서 백핸드 그립으로 바꾸어 잡으려면 라켓의 목을 잡은 다른 손을 이용해 쉽게 그립을 변화시킬 수 있다.

3. 움직일 수 있는 자세를 취하라
(Get ready to move)

준비된 자세에서 무릎을 구부리고 상체는 앞으로 약간 기울인 채 적어도 발을 어깨 넓이 간격으로 벌려서 유연하고 부드러운 스탠스를 취한 후 상대편이 볼을 되돌려 보내자마자 곧 동작을 취할 준비를 하기 위해서는 체중을 양쪽 발끝에 두도록 하라. 라켓은 지면과 거의 평행하게 정면을 향하도록 하고 다른 한손으로는 라켓의 목을 받쳐 주어야 한다.

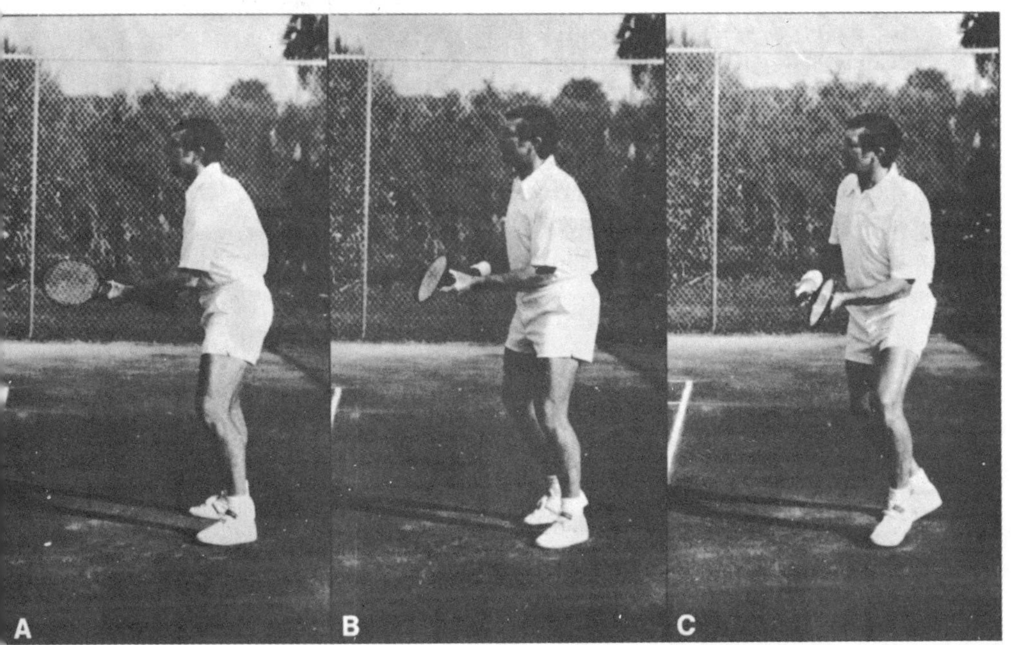

4. 상대에 따라 적절한 그립으로 볼을 기다려라
(Wait with the right grip)

대부분의 초보자들은 포핸드가 자신에게 있어서 가장 강력한 샷이고, 포핸드로 대부분의 그라운드 스트로크를 구사하기 때문에 단지 포핸드 그립만으로 베이스라인에서 볼을 기다리는 것을 볼 수 있다. 이런 것은 물론 백핸드를 치기 위하여 다시 그립을 바꾸어 잡아야 함을 의미한다. 그러나 경기의 수준이 나아지거나, 끊임없이 당신의 백핸드 쪽으로 공격하는 상대를 만났을 때 당신은 백핸드 그립으로 볼을 기다림으로써 위기를 모면할 수 있을 것이다. 그것은 라켓을 뒤로 가져가는 데 별문제가 없고 또 그때 얻은 시간적인 여유는 당신의 완전한 백스윙에 도움을 줄 수 있기 때문이다.

5. 어깨를 돌려라
(Rotate your shoulders)

어떤 그라운드 스트로크이건 라켓은 뒤로 가져가는 것이 기본철칙이다. 동작이 빠르면 빠를수록 볼과 라켓의 임팩트 순간에 집중할 수 있고 또한 정확한 타격을 구사할 수 있을 것이다. 볼을 백핸드 쪽에서 받을 것이라고 판단하는 즉시 어깨를 회전시켜 빨리 라켓을 뒤로 가져가라. 상체 절반이 볼을 치려는 지점과 비스듬하게 되도록 상체를 반쯤 회전시켜라. 그것은 자동적으로 라켓을 뒤로 가져가는 데 도움을 줄 뿐만 아니라, 만약 볼이 생각했던 것보다 빨리 다가온다 할지라도 볼을 치기 위한 준비를 보다 더 잘할 수 있을 것이다. 어깨를 회전시킨다면 어떠한 종류의 타구건 거의 정확한 타점을 잡을 수 있다. 초보자의 경우 특히 몸을 빨리 돌려야 한다는 사실을 명심하여야 한다.

6. 그립을 잡지 않은 다른 손을 잘 이용하라
(Use the other hand)

당신의 다른 손은 백핸드 스트로크를 하는 데 있어서 두 가지 중요한 역할을 한다. 첫째, 적절한 그립을 취할 수 있도록 라켓을 돌려 주는 역할이고 둘째, 백스윙을 할 때 라켓의 흔들림을 없애고 정확한 백스윙의 위치를 잡는 데 보조역할을 해 주는 것이다. 그것은 훨씬 더 빨리 라켓을 뒤로 가져갈 수 있게 하고 라켓 헤드를 잘 조절할 수 있도록 한다. 아래 일련의 사진에서 트라버트는 허리보다 약간 아래로 라켓 헤드를 내리고 있는데 그 이유는 날아오는 볼의 바운드가 낮으리라는 예상하에서 백스윙을 하고 있기 때문이다. 전방으로 스윙을 시작할 때까지는 라켓의 목에 다른 손을 계속 받쳐 보조역할을 해 주도록 하는 것이 바람직하다.

7. 체중은 뒤에 두어라
(Take your weight back)

백핸드를 위해, 필요하다면 볼 쪽으로 짧고 빠른 스텝으로 이동해야 하며 그렇게 하므로써 스트로크시 볼에 충분히 접근할 수 있다. 그것은 라켓을 뒤로 가져갈 때에 체중을 뒤로 옮겨야 한다는 것을 의미한다. 백스윙이 완전히 끝났을 때 체중 전체가 거의 뒷발에 가야 한다. 그래야만 걸음을 앞으로 내디딜 수 있을 것이며, 따라서 체중은 자동적으로 타구방향으로 이동될 것이다.

8. 팔꿈치는 안쪽에 두어라
(Keep your elbow in)

라켓 손잡이가 거의 지면과 평행되게 하고 볼이 날아오는 높이보다 약간 낮게 라켓 헤드를 뒤로 가져 가야 한다(사진 Ⅰ). 그렇게 하기 위하여 팔꿈치는 몸 가까이에 편안하게 유지해야 한다. 만약 이때 전박(前膊)이 각을 만들게 되면 앞으로 스윙하기가 어려워질 것이며 그것은 스윙을 하더라도 약하고 타구 또한 흔들릴 것임에 틀림없다.

9. 볼을 직시하라
(Face the ball)

백핸드를 준비할 때 오는 볼에 시선을 고정시키는 것이 특히 중요하다. 백핸드시 확고한 몸의 회전은 당신의 머리 또한 회전시켜 주는데 이때 다가오는 볼에 시선을 정정시키는 일은 무엇보다도 중요한 일이다. 어깨가 회전할 때 머리는 전방으로 향하게 하라. 그렇게 해야 어떤 지점에서나 볼에 대한 시선을 잃지 않을 것이다. 볼을 주시하므로써 그 볼의 비행상태와 바운드를 더 잘 예측할 수 있을 것이고 그것은 곧 효과적인 샷을 위한 가장 정확한 위치를 잡을 수 있게 해 준다. 훌륭한 준비자세란 시선 또한 준비가 취해진 상태를 의미한다.

10. 유연한 스윙을 하라
(Swing smoothly)

라켓을 어떻게 뒤로 가져가느냐 하는 방법상의 문제는 긴 스윙을 하는 데 여유를 준다는 점과 직결된 문제다. 대부분의 경기자들은 라켓을 든 팔을 거의 수평적으로 뒤로 가져간다. 초보자들에게는 이런 종류의 수평적인 백스윙이 가장 안전하다. 거기에는 라켓을 너무 높게 뒤로 가져갈 위험이 거의 없고 손잡이를 지면과 거의 평행하게 유지시키기 쉽다. 그러나 몇몇 경기자들은 라켓 헤드를 아래나 위로 살짝 기울이는 타원형의 백스윙을 즐긴다. 라켓 헤드가 공중으로 향하지 않은 상태에서 백스윙을 끝낼 수 있다면 그것도 좋다. 좋아하는 방법이 어느 것이든 어깨를 회전시킨 다음 라켓을 가져가는 두 단계의 동작을 취하지 말고 어깨의 회전과 동시에 라켓도 자연스럽게 백스윙하라.

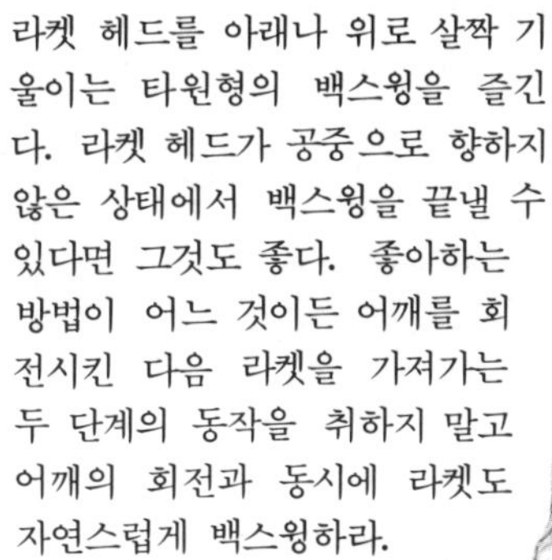

11. 볼을 향해 스텝을 옮겨라
(Step toward the ball)

　상체의 회전과 동시에 라켓을 뒤로 가져가면서 적당히 백핸드를 준비하면 자동적으로 체중을 뒷발에 옮길 수 있을 것이다. 앞으로 스윙을 시작할 때는 오는 볼을 향해 발걸음을 내디뎌야 한다 (아래 사진 J를 보라). 그것은 훌륭한 샷을 구사하는데 두 가지 점에서 중요한 요인이 될 것이다. 하나는 앞으로 출발하는 동작을 도와 체중을 스트로크에 실을 수 있게 할 것이고 다른 하나는 안정된 밸런스 유지에 도움을 줄 것이다.

12. 몸을 구부려라
(Flex your body)

　앞으로 스윙을 시작할 때 무릎을 굽혀야 함은 물론이고 상체도 굽혀야 한다. 자연스러운 오우버스핀으로 백핸드를 치기 위해서는 라켓 헤드가 볼을 향하여 다가갈 때 위쪽으로 향하여 약간 올려치는 스윙을 해야 한다. 그러나 라켓 헤드가 허리보다 낮게 쳐지지 않도록 하는 데 주의하라. 그것은 몸이 굽혀져야 한다는 의미인 동시에 그렇게 해야 몸을 굽힐 수 있다는 의미이다. 만약 자연스런 스핀이 필요하다면 라켓 헤드가 예상되는 임팩트지점 바로 아래로 가져가라. 그리고 몸을 앞으로 굽히는 것은 당신이 볼을 향하여 움직이는 동작을 더욱 쉽게 해 줄 것이다.

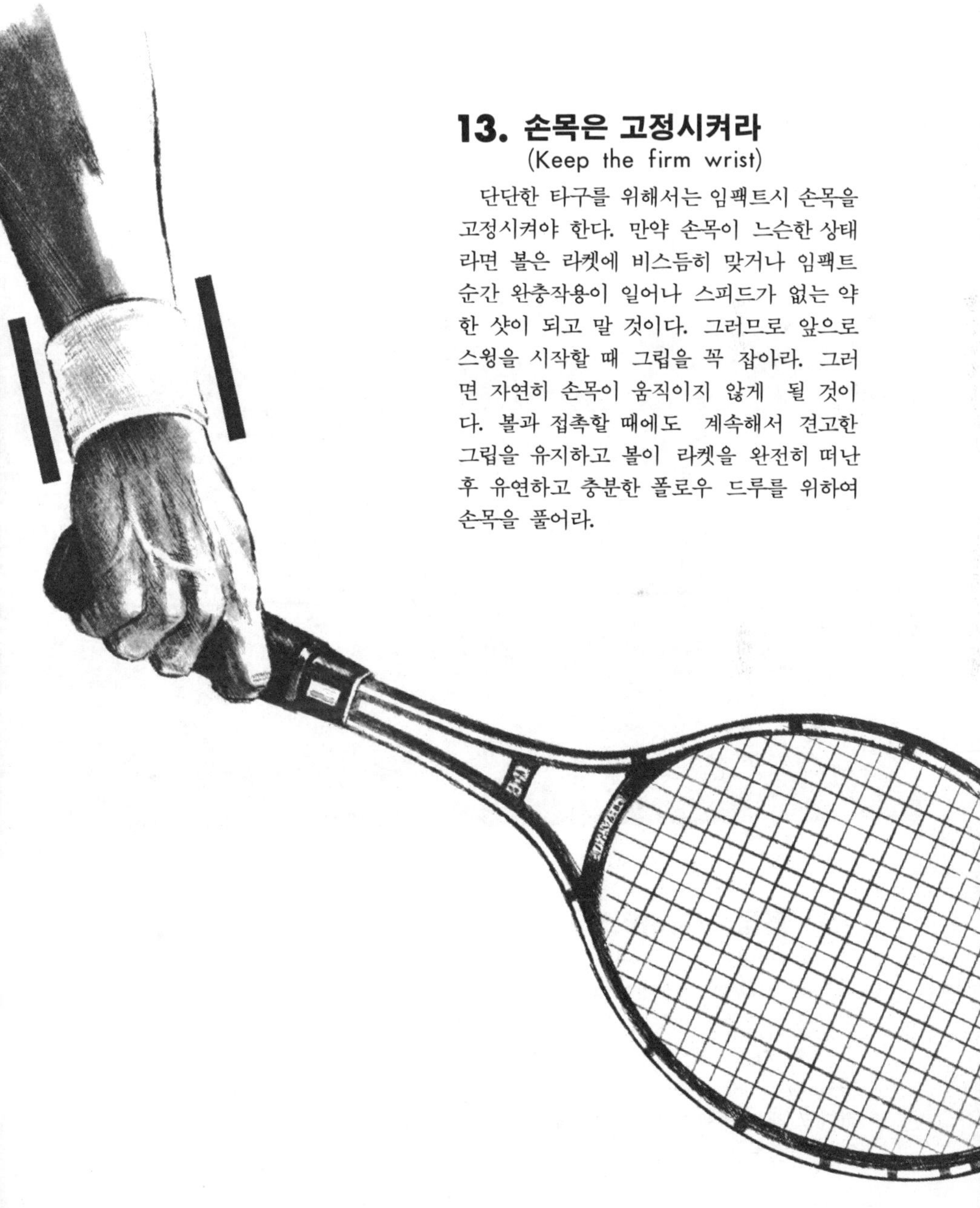

13. 손목은 고정시켜라
(Keep the firm wrist)

　단단한 타구를 위해서는 임팩트시 손목을 고정시켜야 한다. 만약 손목이 느슨한 상태라면 볼은 라켓에 비스듬히 맞거나 임팩트 순간 완충작용이 일어나 스피드가 없는 약한 샷이 되고 말 것이다. 그러므로 앞으로 스윙을 시작할 때 그립을 꼭 잡아라. 그러면 자연히 손목이 움직이지 않게 될 것이다. 볼과 접촉할 때에도 계속해서 견고한 그립을 유지하고 볼이 라켓을 완전히 떠난 후 유연하고 충분한 폴로우 드루를 위하여 손목을 풀어라.

14. 라켓을 세워라
(Bring your racquet up)

자연스런 오우버스핀 백핸드는 타구 과정에서 라켓을 약간 위쪽으로 처올려 줌으로써 스핀을 얻을 수 있다. 임팩트 전의 라켓 헤드는 상대가 친 볼이 날아오는 높이보다 약간 낮은 위치에 있어야 한다(아래 사진 M을 보라). 볼을 향해 움직일 때 라켓 헤드를 자연스럽게 위쪽으로 향하도록 하면 라켓의 중앙에 볼을 맞히기가 쉽다. 특별히 톱 스핀을 주기 위한 노력으로 라켓줄에 볼을 비껴 맞힌다든지 가볍게 스핀을 걸어치려고 하지 말라. 그것은 특별히 강한 손목을 갖고 있지 않다면 오히려 훨씬 약한 샷이 되고 말 것이다. 즉 볼을 향해 위쪽으로 바른 스윙을 하고 스핀도 라켓이 자연스럽게 작용하도록 그대로 두어라.

15. 볼을 주시하라
(Watch the ball)

볼이 상대편의 라켓에서 떠나는 순간부터 볼에 시선을 떼지 말고 라켓에 임팩트 되는 순간까지 시선이 볼을 따라가도록 하라. 괄목할 정도로 좋은 시력이 아니라면 실질적으로 볼이 라켓의 줄에 맞는 것은 거의 볼 수 없을 것이다. 그러나 몸 앞에서 볼이 맞아 나갈 때는 라켓 헤드를 쳐다보아야 한다. 만약 임팩트 후 순간적으로 볼의 시선을 놓쳤다고 해도 문제가 되지 않는다. 폴로우 드루를 할 때 다시 시선이 볼을 따라갈 수 있는 충분한 시간이 있을 것이다.

16. 볼을 앞으로 밀어내듯이 쳐라
(Hit the through shot)

볼과 라켓이 만나는 곳은 앞발의 정면이다. 라켓은 약간 위쪽으로 이동시켜야 하며 라켓면은 뒤로 약간 기울여라. 손목과 전박을 고정시키고 단단히 볼을 쳐내라. 볼이 라켓의 줄에서 순간적으로 튀어나가게 하지 말고 쭉 밀어쳐라. 바꾸어 말하면 라켓의 줄(string)에 가능한 한 볼이 오랫 동안 머물도록 하라는 뜻이다.

17. 용수철을 풀어내듯이 볼을 쳐라
(Uncoil like a spring)

볼을 칠 때 앞어깨는 용수철이 풀리는 것과 같이 유연하게 움직여야 한다. 이러한 동작은 라켓의 헤드 부분에 스피드를 주고 결국 스트로크에 힘을 가하는 것이 된다. 야구타자가 스윙할 때 최대한의 힘을 갖기 위해 어깨와 배트를 동시에 휘두르는 동작을 연상하라.

18. 폴로우 드루를 끝까지 하라
(Finish your follow-through)

볼이 라켓에서 떠날 때 바로 라켓을 멈추지 말라. 경마장의 말은 결승선에서 갑자기 정지하지 않고 결승선을 지나서 점진적으로 속도를 줄인다. 똑같은 원리로 앞으로 스윙하여 볼을 칠 때까지 라켓을 빨리 움직이고 볼을 보내고자 하는 방향으로 라켓을 끝까지 뻗어라. 몸이 회전하게 되면 자동적으로 스윙의 속도는 떨어지고 폴로우 드루는 측면 높은 곳에서 끝나게 될 것이다. 그때 당신은 네트를 향해 서 있게 될 것이며 볼을 볼 수 있는 위치에서 다음 타구를 준비할 수 있게 될 것이다.

오우버스핀
백핸드를 위한 요점

1. 상체를 회전시키면서
   백스윙은 빨리 하라.
2. 스트로크하는 동안 계
   속 볼을 주시하라.
3. 손목을 고정시켜라.
4. 약간 위쪽으로 스윙하
   고 볼은 연속적으로 밀어
   쳐라.
5. 폴로우 드루는 측면 높
   은 지점에서 끝내라.

언더스핀 백핸드의 타법

　　일단 자연적인 오우버스핀 백핸드를 개발하고 나면 언더스핀(슬라이스) 스트로크로 백핸드 기술의 발전을 꾀한다. 그러나 슬라이스 샷을 먼저 배우려고 하지 말라. 힘있는 백핸드는 보통의 오우버스핀 스트로크로서 찾아야 한다. 왜냐하면 그것이 더 강한 샷이기 때문이다. 언더스핀은 다양함을 요구하는 세련된 것이어야 한다.

　　주말에 테니스를 즐기는 대부분의 경기자들은 백핸드를 슬라이스로 한다. 그 이유는 그들은 볼에 대해 너무 늦게 준비를 하기 때문이며, 그로 인하여 급히 응수하는 것 외에는 다른 선택의 여지가 없다. 그 결과 서투르고 볼품없는 슬라이스밖에 구사할 수 없게 되는 것이며 그 습관은 오우버스핀 백핸드까지도 정석과 다르게 네트 위로 낮게 가는 짧은 타구밖에 할 수 없는 것이다.

　　일반적으로 언더스핀 백핸드는 네트 위로 볼을 낮게 보내는 것이며 볼이 느리게 낙하하며 전방으로 낮은 바운드가 되기 때문에 오우버스핀과 같이 깊숙한 스트로크가 되지 못한다(아래 그림을 보라).

1. 그립을 바꾸어 잡아라
(Modify your grip)

볼에 언더스핀을 주기 위해서 백스윙을 할 때는 우선적으로 라켓을 뒤로 높이 가져
가야 하고 그 다음 라켓을 앞으로 가져오면서 볼의 비행수준 아래로 가져와야 한다. 스
핀을 만들어 내기 위하여 볼 아래서 라켓의 줄을 약간 스치도록 하라. 오우버스핀 백
핸드를 위해 추천된 이스턴 백핸드 그립을 사용한다면 언더스핀을 구사하기가 어렵다.
대신에 이스턴 포핸드와 백핸드의 중간쯤 되는 콘티넨탈 그립(Continental grip)을 채
택해야 한다. 이스턴 백핸드 그립에서 라켓의 그립을 1/8 정도 돌려잡음으로써 콘티넨
탈 그립을 취할 수 있다.

2. 라켓은 위를 향하도록 치켜 세워라
(Lift your racquet)

슬라이스를 넣기 위해서는 볼이 임팩트 되기 전에 라켓을 위에서 아래로 가져와야 한
다. 그러므로 오우버스핀 백핸드의 준비자세와는 달리 라켓을 더 높이 가져가야 한다.
빅 세이사스가 하고 있는 루우프 백스윙(loop backswing)을 사용하든 아니면 스트레이
트 백스윙(Stright backswing)을 사용하든 그것이 중요한 것은 아니다. 중요한 것은
편안하게 할 수 있는 한 훨씬 뒤쪽으로 라켓을 가져가는 것(사진 C)이며 또한 라켓
헤드가 위로 향하도록 유지시키는 것이다. 손목은 곧게 유지하도록 하고 손목을 약간
치켜 올렸을지라도 상관없다.

3. 스윙은 비스듬히 아래로 한다
(Swing forward and down)

관례적인 백핸드의 동작과 같이 볼의 페이스를 맞추기 위해 라켓 뒤에서 체중을 실어 앞쪽으로 스윙하라. 라켓을 아래쪽으로 가져올 때 예리한 <u>스트로크</u>를 하려는 의도로 꺾어진다는 생각은 버려라. 만약 그렇지 않을 경우 볼에 많은 스핀을 가할 수는 있겠지만 앞으로 나아가는 동작이 너무 약해져 볼이 네트에 걸리는 결과를 자주 일으키게 될 것이다. 따라서 아래로 스윙할 때 꺾어친다는 생각을 버리고 라켓을 앞으로 스윙해야 하고 샷에 체중을 실어 보내기 위해서는 볼을 향해 앞으로 걸음을 내디뎌야 한다.

4. 볼을 주시하라
(Watch the ball)

언더스핀 백핸드는 볼에 임팩트될 때의 각도 때문에 보통 백핸드보다 약간 위에서 맞을 수 있다. 그것은 바로 타점 가까이서 볼을 볼 수 있도록 특별한 관심을 기울여야 한다는 것을 의미한다. 볼이 라켓의 중간에 맞아야 견고한 샷을 할 수 있다는 것을 잊지 말라. 만약 라켓이 기울어졌거나, 라켓 중앙에서 벗어난 부분에 볼을 맞추면 볼은 네트를 넘어가기 어려울 것이며, 설사 네트를 넘어갔더라도 상대로 하여금 쉽게 받아 넘길 수 있는 약한 샷이 되고 말 것이다. 그래서 오는 볼에 주의를 집중해야 한다. 볼이 맞는 순간이나 맞고 난 직후에 시선을 타점에 고정시킬 수 있다면 임팩트 전에 볼을 주시하는 습관을 기르는 데도 도움을 줄 것이다.

5. 밀어치듯 연속적으로 볼을 쳐내라
(Drive through ball)

당신에게 볼이 올 때 즉 앞에 있는 발의 바로 앞에서 볼을 치되, 라켓을 아래쪽으로 끌어가면 언더스핀이 걸리게 된다. 세이사스의 시범과 같이 라켓의 면을 약간 뒤로 기울이고 몸이 앞으로 움직여야 하며 손목은 움직이지 않도록 고정시켜 전박(팔뚝)과 어깨는 볼을 쭉 밀어치는, 연속적인 동작이 될 수 있도록 단단히 하여야 한다. 손목은 처지치 않도록 하고, 볼이 낮을 경우 라켓이 허리높이 정도에서 볼을 칠 수 있도록 무릎을 굽혀라. 라켓의 동작은 위에서 아래로 움직여야 한다. 그러나 볼을 라켓에서 갑자기 떠나가게 해서는 안 되며 가능하면 라켓에 볼이 오랫 동안 머물도록 볼을 끊어치지 말고 밀어쳐야 한다.

6. 스윙은 앞쪽으로 계속하라
(Continue forward)

　가능한 한 라켓에 볼이 오래 머물도록, 그리고 스핀을 가하기 위해서는 볼이 맞고 난 직후 라켓을 전방 아래로 계속 유지시켜 주는 스윙을 하라(사진 G). 팔의 자연스런 동작은 타구 후 라켓을 바로 위쪽으로 스윙하지 말고 라켓의 폴로우 드루가 완전히 끝날 때까지 볼을 보내고 싶은 방향의 전방으로 계속 스윙해야 한다는 것이다(사진H). 그렇게 하므로써 볼에 적당한 양의 스핀을 넣기 위한 생각으로 라켓을 곧장 위로 가져가고 싶은 유혹을 피할 수 있어 스트로크의 기본적인 자세를 올바르게 터득할 수 있을 것이다.

7. 높은 위치에서 스윙을 끝내라
(Finish high)

　몸 앞에 있는 라켓을 쥔 팔의 운동량은 (즉 스윙할 때의 힘에 의하여 자연적으로 생겨나는) 라켓이 볼과 접촉한 후 낮은 지점에서 높은 지점까지 완전한 폴로우 드루가 되기에 충분하다. 만약 라켓이 앞의 아래지점에서 폴로우 드루가 끝나면 짧은 스트로크가 되고 말 것이다. 즉 앞쪽으로 밀어친 후 폴로우 드루를 위쪽 끝까지 해야 긴 스트로크를 할 수 있다는 뜻이다. 볼이 맞을 때 라켓은 아마도 속력이 줄어들게 될 것이고 이것은 곧 약한 샷이 된다는 것을 뜻한다. 완전한 폴로우 드루를 하므로써 볼을 깊숙하고 강하게 쳐낼 수 있다.

언더스핀
백핸드를 위한 요점

1. 콘티넨탈 그립을 사용하라.
2. 백스윙을 할 때에는 라켓을
치켜올려라.
3. 전방 아래쪽으로 스윙을 하
라.
4. 볼을 밀어쳐라.
5. 폴로우 드루는 높은 위치에
서 끝내라.

양손 백핸드의 타법

　최근에 들어서 양손으로 하는 백핸드가 테니스 샷에 있어서 갑자기 인기를 얻게 되었다. 물론 지미 코너즈(Jimmy Connors), 크리스 에버트(Chris Evert), 그리고 비욘 보그(Bjorn Borg)와 같은 테니스 스타들이 양손 타법으로 최고의 지위를 굳혀 온 새로운 유형의 흐름 때문이다. 그러나 그것은 또다른 매력을 갖고 있기도 하다. 양손 스트로크는 경험이 적거나 약한 경기자에게 한손으로 하는 것보다는 라켓에 대한 지지력과 강한 타구를 구사할 수 있는 힘을 주기 때문이다. 두 번째(보조해 주는) 손은 숙달된 경기자에게 백스윙이 조금 늦었더라도 샷의 방향을 변화시켜 의도한 대로 볼을 보낼 수 있게 도와 주며 그것은 스트로크를 보다 잘할 수 있게 한다.

　그러나 양손 백핸드에는 실질적으로 몇 가지 불리한 점도 있다. 손을 뻗을 수 있는 길이가 한정되고 이것을 보상하기 위해서 한손으로 하는 샷보다 더 빠른 발동작이 요구된다. 그것은 계속적인 스윙보다는 초보자들이 가져야 할 콘트롤의 능력을 얻는 데 있어서 자신감을 주는 것처럼 보인다. 만약 주의를 집중하여 샷을 개발하는 데 노력한다면 양손 백핸드도 보통의 백핸드처럼 잘 할 수 있을 것이다.

　이 장에서는 양손 타법을 더 좋아하거나 백핸드가 아주 약한 사람을 위하여 양손 백핸드 타법의 효과적인 방법에 대하여 이야기하고자 한다

1. 세퍼레이트 그립을 사용하라
(Use Separate grip)

양손 백핸드 타법의 가장 좋은 방법은(오른손잡이라고 가정한다면) 오른손에 표준 백핸드 그립을 사용하는 것인데 사실상 왼손으로 포핸드를 치는 것과 같기 때문에 왼손은 포핸드 그립을 사용하는 것이다. 만약 보통의 이스턴 포핸드 그립(악수하는 식)에서 오른쪽으로 올 볼을 기다린 상태에서 당신이 백핸드로 볼을 받을 것이라는 판단이 서면 곧 백핸드 그립으로 바꾸어야 한다(라켓의 끝부분을 약 ¼ 정도 회전시켜서 그렇게 하라). 그러고 난 뒤 당신이 라켓을 뒤로 가져갈 때는 왼손을 당신의 손이 닿을 때까지 라켓 자루 아래로 미끄러지도록 하라(쓸어내려 잡아라). 여기서 보는 것과 같이 이스턴 그립으로써 라켓의 손잡이 뒤를 왼손바닥으로 잡아라(삽화 참조). 두손이 가까이 있도록 하되 손이 겹쳐져서는 안 된다. 당신은 양손으로 라켓을 꽉 잡아야 한다.

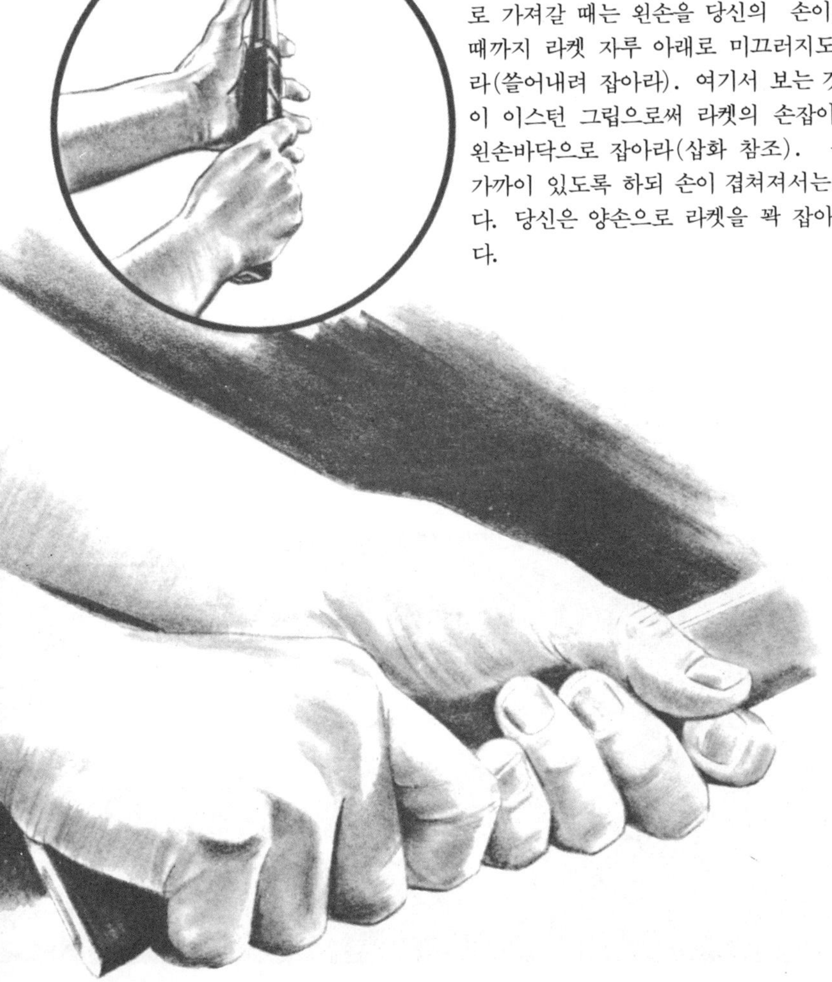

2. 백스윙을 길게 하라
(Take a long backswing)

라켓을 뒤로 가져갈 때(위의 사진 B를 마음에 그려라) 당신은 왼팔이 꽉 끼는 위치상의 난점 때문에 짧은 백스윙을 하게 되는 경우가 있음을 발견할 것이다. 그러나 이 짧은 백스윙은 항상 약한 샷의 원인이 된다. 따라서 가능하면 라켓을 훨씬 뒤로 가져가야 한다(사진 D). 당신의 상체를 회전시켜라. 그러면 트라버트가 시범을 보이고 있는 것과 같이 앞어깨가 돌아오고 뒤의 어깨는 왼팔과 함께 라켓이 뒤로 가는 대로 움직일 것이다.

몇몇 톱선수들은 약간 쳐진 동작으로 라켓을 뒤로 가져간다. 그러나 보통 백핸드의 경우보다는 더 단순한 행위이기 때문에 만약 당신이 이미 자연적으로 쳐진 동작을 갖고 있지 않다면 백스윙을 바로 하는 방법이 가장 좋다.

예상한 볼의 비행지점 약간 아래지점으로 백스윙을 하라. 그러면 라켓은 볼을 칠 때 올라올 것이고 이러한 백스윙은 자연스런 톱스핀을 만들어 낼 것이다.

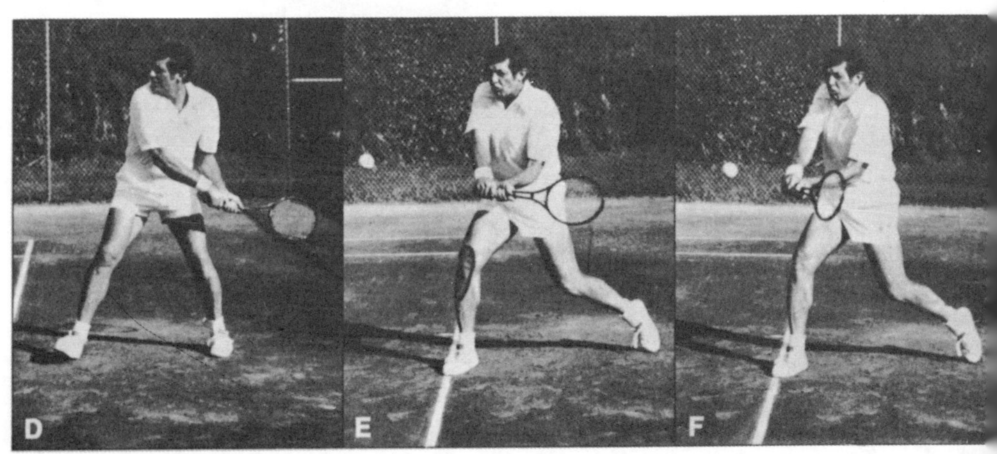

3. 볼을 끝까지 견고하게 밀어쳐내라
(Hit firmly through the ball)

양손 백핸드는 왼손잡이 야구선수가 홈 플레이트에서 스윙을 할 때와 같이 견고하게 맞추어 낼 때 상대편 코트 깊숙이 볼을 보낼 수 있다. 당신의 양팔은 곧게 유지해야 하고 양손목은 볼을 칠 때 고정시켜야 한다.

허리높이 정도에서 임팩트하고 라켓의 헤드는 앞무릎의 가까이 혹은 약간 앞에서 되받아 친 볼을 따라가도록 하라. 그렇게 하므로써 볼이 가능한 한 오랫 동안 라켓에 머물도록 하는 데 도움을 줄 것이다. 그러나 당신의 왼손을 지나치게 사용하고자 하는 유혹을 물리쳐야 한다. 순간적으로 탁 치는 샷은 때에 따라서 이점도 있지만 스트로크가 불규칙적으로 된다는 것을 발견하게 될 것이다.

볼을 칠 때 체중은 앞으로 이동시켜야 하고 그렇게 해야만 당신은 샷하는 데 최대한의 힘을 실을 수가 있다. 볼이 라켓에서 떠날 때 체중은 앞발에 있도록 해야 된다. 물론 몸의 균형을 잃을 정도로 지나치게 앞으로 기울어져서는 안 될 일이다.

4. 볼을 주시하라
(Watch the ball)

훌륭한 골프선수와 같이 양손으로 백핸드를 친 후에 머리는 아래로 향하도록 해야 한다(G와 H를 보라). 스스로 라켓과 볼의 임팩트 지점을 바라보도록 해야 한다. 만약 당신이 그렇게 하는 습관을 갖고 있다면 라켓에 이어지는 볼을 주시하게 됨을 감지하게 될 것이다.

많은 경기자들이 볼이 맞기 직전에 볼에서 시선을 뗀다. 왜냐하면 그들은 상대편 선수들이 무슨 행동을 하는가를 보고 싶어하기 때문이다. 상대편을 쳐다보지 말라! 볼이 도착하기 전에 볼을 칠 장소에 관하여 결정하라. 그래야만 볼이 라켓을 떠난 이후에도 계속해서 볼을 볼 수 있다. 머리를 아래로 오도록 하는 것은 상대편을 보기 위함이 아니라 볼을 보도록 하기 위함이다.

5. 완전한 폴로우 드루를 하라
(Follow through Completely)

양손으로 스트로크를 구사하는 많은 경기자들은 완전한 폴로우 드루를 하지 않는 경향이 있다. 이러한 행위가 습관화되면 결과적으로 약하고 짧은 샷을 야기시키는 잘못을 범하게 된다. 상체를 회전시켜 뒤의 어깨가 돌아와서 이탈하는 볼을 가리키도록 완전한 폴로우 드루를 하라. 그렇게 해야만 당신 몸의 높은 지점에서 끝나는 폴로우 드루 즉 밀어올리는 원형 동작이 완벽히 만들어질 것이다. 완벽한 폴로우 드루는 당신이 볼을 칠 때 라켓을 약간 위쪽으로 움직이는 데 도움을 줄 것이며 샷에 대하여 자연스런 톱스핀을 부가적으로 얻는 결과가 될 것이다.

양손 백핸드를 위한 요점

1. 상대편을 주시하는 것이 아니라 볼을 주시하라.
2. 빨리 위치를 잡고 백스윙을 충분히 하라.
3. 앞으로 나가는 팔은 쭉 뻗고 볼과 마주칠 때 손목을 고정시켜라.
4. 약간 위쪽으로 스윙을 하고 볼은 밀어쳐라.
5. 폴로우 드루를 몸의 정반대편 높은 지점에서 끝내라.

THE SERVE
서어브

효과적인 서어비스 방법

　　당신이 서어브하는 순간이 바로 상대를 완전히 장악할 유일한 순간이다. 코트에 있어서의 당신의 운명에 관한 유일한 주인이 될 때이다. 당신에게 뒤따르는 점수의 결과는 당신이 서어브를 얼마나 효과적으로 구사하느냐의 여부에 달려 있다.

　　서어브에는 세 가지 중요한 형—슬라이스(Silce)(58페이지), 플랫(flat), 트위스트(twist)(68페이지) 서어브가 있다.이 세 가지 방법들은 각각 특수한 용도를 갖고 있다. 그러나 이 방법들을 효과적으로 구사하기 위한 중요한 사실은 볼의 릴리스(release)를 정확히 해야 한다는 것이다. 이 장에서는 서로 다른 세 가지의 서어브를 설명하기 전에 적절히 공중에 볼을 던져올리는 즉 토스(toss)의 방법을 먼저 보여 주고자 한다.

볼의 릴리스 (Release the ball)

홀륭한 서어브에 관한 키포인트는 볼을 밀어
올리는(release) 것, 즉 가장 효과적으로 볼
을 칠 수 있는 위치에다 일관성 있게 볼을 던
져 놓는 것이다. 느린 팔의 속도로도 2온스
의 볼을 공중 2, 3피트에 두는 데는 충분하다.
볼을 던지는(toss) 것과 같은 행동을 연상하
지 말고 볼을 자연스럽게 밀어올리는 행동을
연상하라. 만약 볼을 토스한다면 매번 똑같은
지점에 볼을 두는 것이 어려워질 것이다. 볼이
손가락을 자연스럽게 떠나도록, 그리고 잘못된
동작을 이끌어 내지 않도록 팔, 손목, 손가락
스냅을 부드럽게 하여 전체 팔의 동작으로 연
결시켜야 한다.

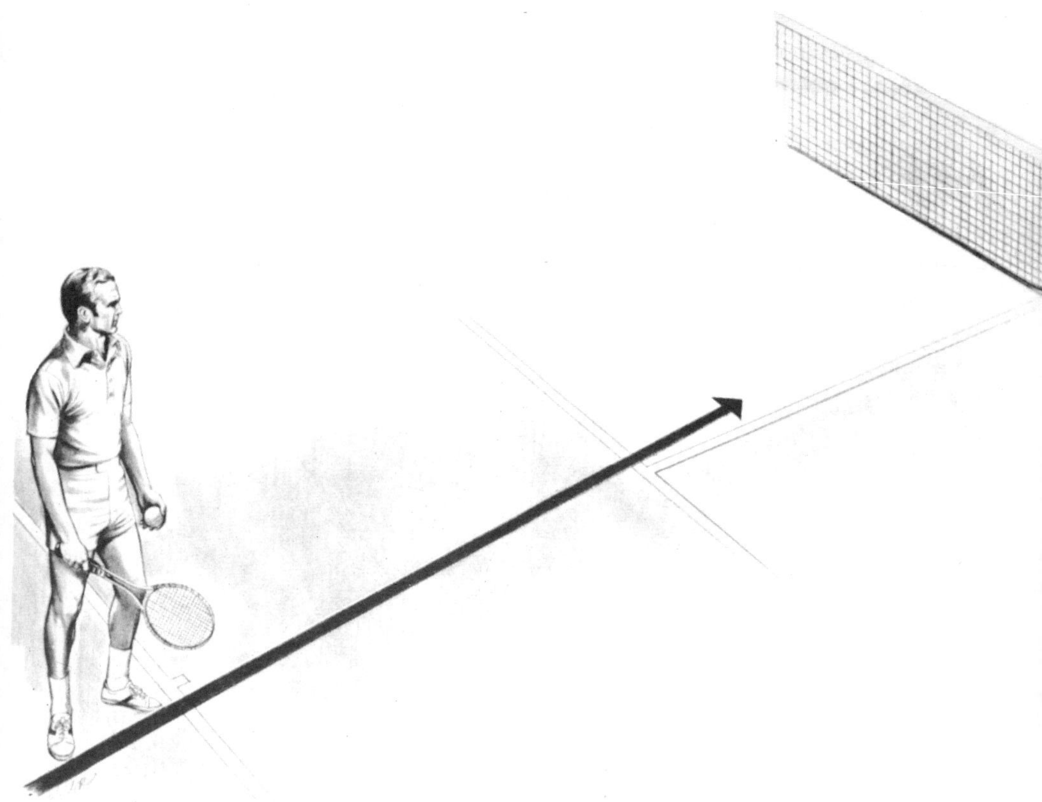

1. 적절한 스탠스를 취하라
(Take the proper stance)

서어브할 때는 먼저 베이스라인 바로 뒤쪽에서 긴장을 푼 편안한 상태로 적당한 발의 간격을 유지하라. 발은 어깨넓이 정도로 벌려 서서 앞발은 45° 정도 베이스라인 쪽으로 향하게 하고 체중은 뒷발에 오도록 하라. 네트를 향해 비스듬히 있어야 발끝에서 끝으로 그어진 선이 서어브를 넣으려는 코트 정면으로 향하게 된다. 단식경기에서 센터마크 가까이에서 서어브를 하거나 또는 복식경기에서 단식 사이드라인과 센터마크 사이에서 서어브하거나 발의 위치는 위의 설명과 같다. 또한 앞발은 풋 폴트 (foot fault)를 하지 않도록 베이스라인 뒤쪽으로 약 3, 4인치 떨어져 있어야 한다는 사실을 기억하라.

2. 두 개의 볼을 쥐고 시작하라
(Start with two)

  각 포인트마다 두 개의 서어브권이 있으므로 〈만약 레트 볼(a let ball)된 경우는 하나 더〉, 두 개의 볼을 쥐고서 시작하는 것이 가장 좋다. 이렇게 하여 처음 보낸 볼이 폴트(fault)가 되면 두 번째 볼을 더듬어 찾지 않고 동작의 리듬을 깨뜨리지 않은 상태에서 다시 두번째 서어브를 할 수 있다. 만약 첫번째 서어브가 성공적이라면 나머지 볼을 손에 쥐고 있든지, 만약 양손 타법을 구사하는 경우라면 뒤로 볼을 던져 버리면 된다. 물론 상대편이 나머지 볼을 버리는 행동에 대하여 정신적인 혼란이 온다고 의의를 제기한다면 볼을 하나씩 쥐고 서어브를 해야 할 것이다.

3. 볼을 가볍게 쥐어라
(Hold the ball lightly)

  두 개의 볼을 쥘 때 다른 손가락과 엄지손가락의 끝에 볼을 쥐어야 한다. 다른 사람이 아무런 저항 없이 손에 든 볼을 집어낼 수 있을 정도로 어르듯이 아주 가볍게 쥐어라. 그리고 엄지손가락과 집게손가락과 중지손가락 끝에 볼을 두어라. 만약 나머지 볼을 사용할 경우에도 첫번째 볼을 가지고 있던 손가락 끝이 똑같은 위치에 오도록 해야 한다. 볼을 적당히 쥐고 라켓과 볼을 대략 가슴높이 정도에서 바로 앞에 위치하도록 하라. 세이사스가 행하는 시범에서처럼 양팔을 모두 앞무릎 쪽으로 내려라.

4. 볼은 몸의 앞쪽으로 올린다
(Pace it out in front)

일관성 있는 동작을 위하여 매번 팔을 쭉 뻗어서 볼을 위로 올려라. 볼은 바로 정면 상단 우측에 있어야 한다(오른손잡이일 경우). 볼은 가능한 한 수직선과 일직선을 이루도록 올려라. 그 목적은 볼의 위치를 정하는 데 있다. 만약 정확하게 올렸다면 그 볼을 치지 않고 그대로 떨어뜨릴 경우 앞발의 오른쪽 바로 앞에 떨어질 것이다. 볼을 머리 바로 위에 릴리스하지 말라. 볼을 몸보다 앞에서 쳐야 하며 그리기 위해서는 볼의 위치 또한 머리 위가 아니라 앞쪽이라는 사실을 잊어서는 안 된다.

5. 양팔을 동시에 움직여라
(Move both arms together)

릴리스를 위해 볼을 잡은 팔을 위로 가져갈 때 라켓을 잡은 팔은 볼과 라켓이 임팩트 되는 순간을 위하여 뒤로 해서 올라가야 한다. 만약 릴리스와 히트 즉 볼을 올려칠 때 조정하는 문제가 있다면 이러한 계산하에서 시도해 보라. 가슴높이에서 라켓과 볼을 갖고 시작하여 '하나'에 양손은 내려가고 '둘'에 양손은 올라간다. 볼을 가진 손은 앞에, 라켓을 잡은 오른손은 뒤에 위치한다. '셋'을 헤아리면서 볼을 친다(이러한 동작으로 계속 연습을 한다면 리드미컬한 동작을 이끌어 낼 수 있을 것이다)

6. 손가락은 펴라
(Open your fingers)

팔을 최대한 쭉뻗은 상태에서 릴리스하라. 대부분의 선수들에게 있어서 팔이 어깨넓이와 머리끝 사이의 지점에 도달할 때 볼의 릴리스가 일어난다. 마치 볼을 공중에 살짝 미는 것처럼 하여 손가락을 펴는 것을 거의 인식하지 못할 정도로 볼을 릴리스 하라. 볼 잡은 팔은 릴리스가 끝난 후에도 약간 위로 동작을 계속하여 주고는 몸으로부터 멀리 떨어져야 한다.

7. 토스된 볼의 위치는 뻗어올린 라켓의 끝위치가 되도록 하라
(Place the ball at the tip of your racquet)

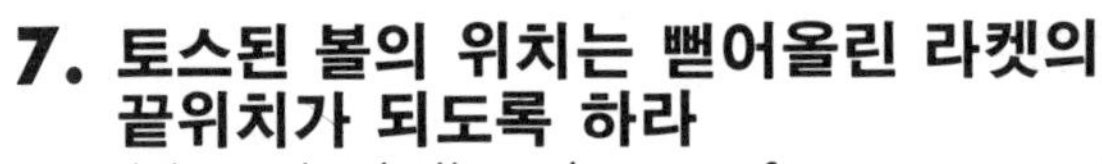

볼을 공중에 올려 절정에 다달았을 때의 위치는 팔과 몸을 완전히 뻗어 라켓을 올렸을 때의 라켓 끝부분이다. 볼이 올라갔다 다시 내려오는 거의 움직이지 않는 바로 그 순간 볼을 치고 싶어할 것이다. 만약 토스가 낮아 볼을 너무 낮게 두면 팔동작이 제한되어 거의 폴트가 되는 약한 서어브를 할 수 밖에 없을 것이며, 반대로 볼을 너무 높이 둔다면 볼을 치기 전에 볼이 내려오는 시간까지 기다리게 될 것이다. 그러한 것은 서어브의 리듬을 흐트러 놓는 불필요한 행동이 될 뿐이다. 또한 그렇게 될 경우 떨어지는 볼을 칠 수 밖에 없게 되어 볼이 거의 움직이지 않을 때 치는 것보다 훨씬 더 어렵다.

8. 릴리스 연습을 하라
(Practice your release)

볼의 릴리스는 혼자 집에서 연습할 수 있는 테니스의 한 동작이다. 차고, 지하실 등 릴리스에 필요한 최대 높이보다 높은 천정을 가진 어떤 곳에서나 연습할 수 있다. 천정에 조그만 물건―다른 테니스 볼도 좋을 것이다―을 매달아라. 몸과 팔 그리고 라켓을 충분히 뻗쳐야만 위에 겨우 닿을 수 있는 지점에 물건을 매달아 놓고 볼의 릴리스 연습을 하면 좋을 것이다. 똑같은 지점에서 칠 수 있을 때까지 계속 연습하라.

볼의 릴리스를 위한 요점

1. 손가락 끝으로 볼을 가볍게 쥐어라.
2. 볼은 앞발의 오른쪽 정면에서 릴리스하라.
3. 손가락을 부드럽게 펴면서 볼을 올려라.
4. 팔과 라켓을 충분히 뻗었을 때 라켓 끝지점의 높이만큼 공중에 볼이 위치하도록 하라.

슬라이스 서어브의 타법

세 가지의 주요한 서어브 즉 슬라이스 (Slice), 플랫(flat), 트위스트(twist) 중에 서 슬라이스는 대개의 선수들에게는 상 당히 많은 시간이 할애되어져야 할 것이 다. 단식이나 복식경기의 처음이나 두번 째 서어브로 사용될 수 있고 항상 리시이 브에 필요하기 때문에 어느 선수나 계속 해서 숙련해야 하는 무기이다.

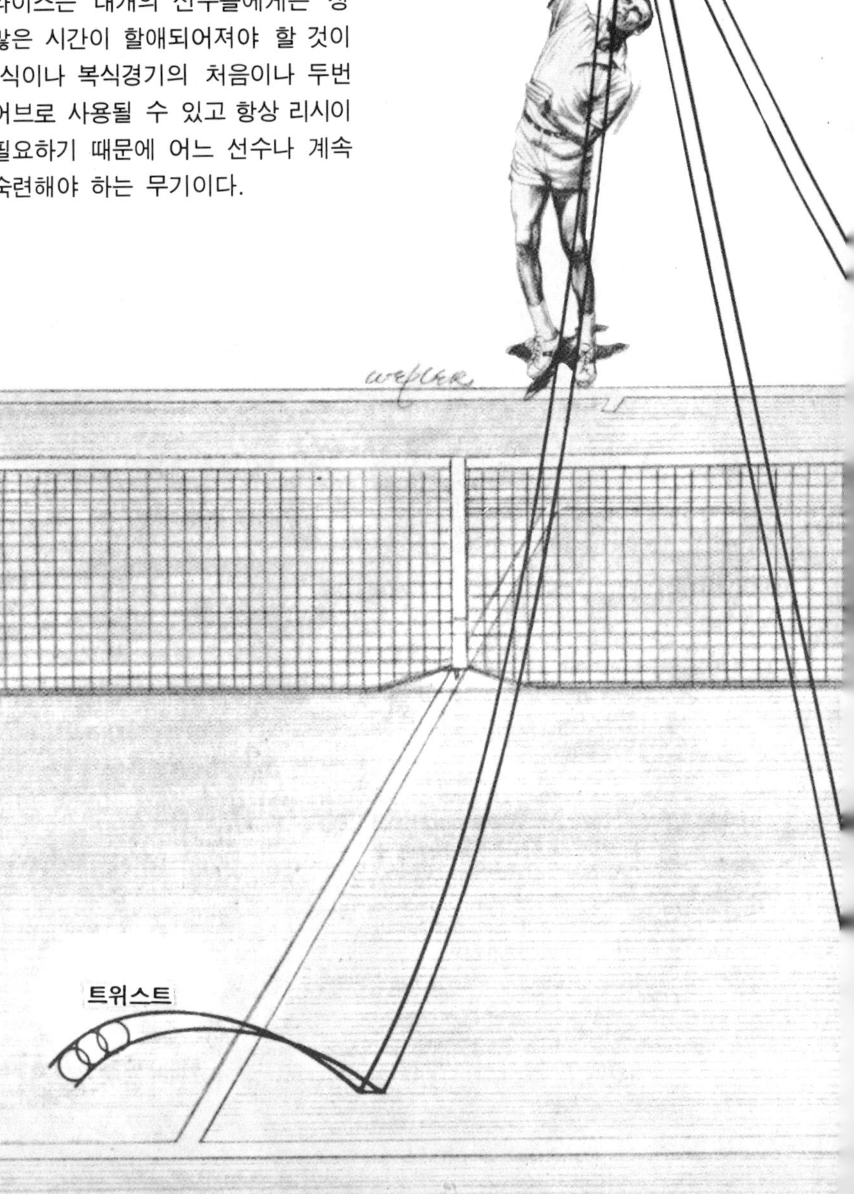

안정성이 높은 슬라이스 서어비스 (Slice for safety)

스핀(중앙)이 거의 없는 플랫 서어브(flat serve)는 공중에 직선을 긋고 대부분은 상대적으로 코트 표면에서 낮게 바운드 된다. 플랫 서어브의 경우 서어비스 박스에 공이 들어간다는 것 자체가 네트의 끝을 가까이 스쳐 지나간다는 것을 의미한다. 따라서 실수가 많을 수밖에 없다. 그러나 사이드스핀이 걸리는 슬라이스 서어브는 서어비스 박스 안쪽으로 커어브가 지기 때문에 근본적으로 더 안전하다. 그것은 플랫 서어브 보다는 느리지만 리시이브가 오른손잡이일 경우에는 듀스 코트(deuce court) 즉 오른편에서 리시이브할 때 서어브 리턴동작을 취하는 데 어려움을 안겨 줄 것이다. 사이드스핀과 톱스핀을 갖고 있는 트위스트 서어브는 네트 위를 높이 통과하여 서어비스 박스 안으로 예리하게 떨어지고 대부분의 코트 표면에서 바운드된 후 공중으로 높이 튀어오른다. 트위스트 서어브를 구사하기는 어려우나 기술을 정확히 습득하고 행한다면 상대에게 어려움을 안겨 주는 서어브의 한 종류이다.

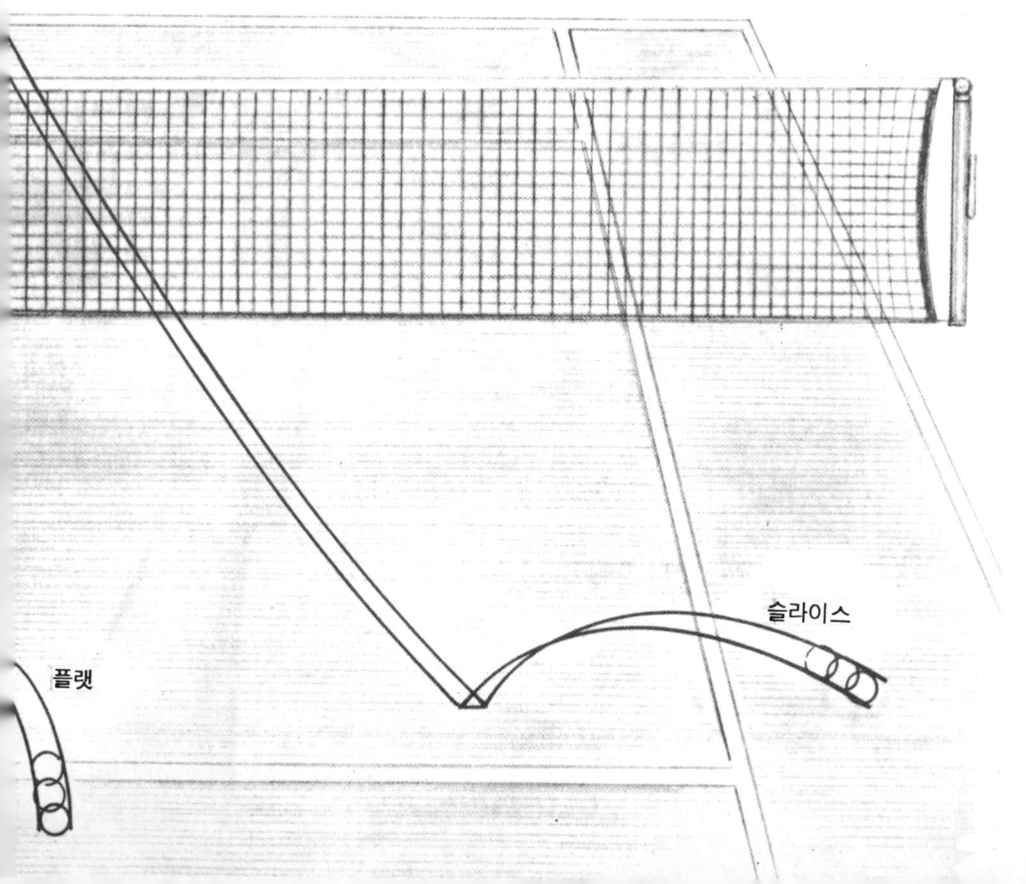

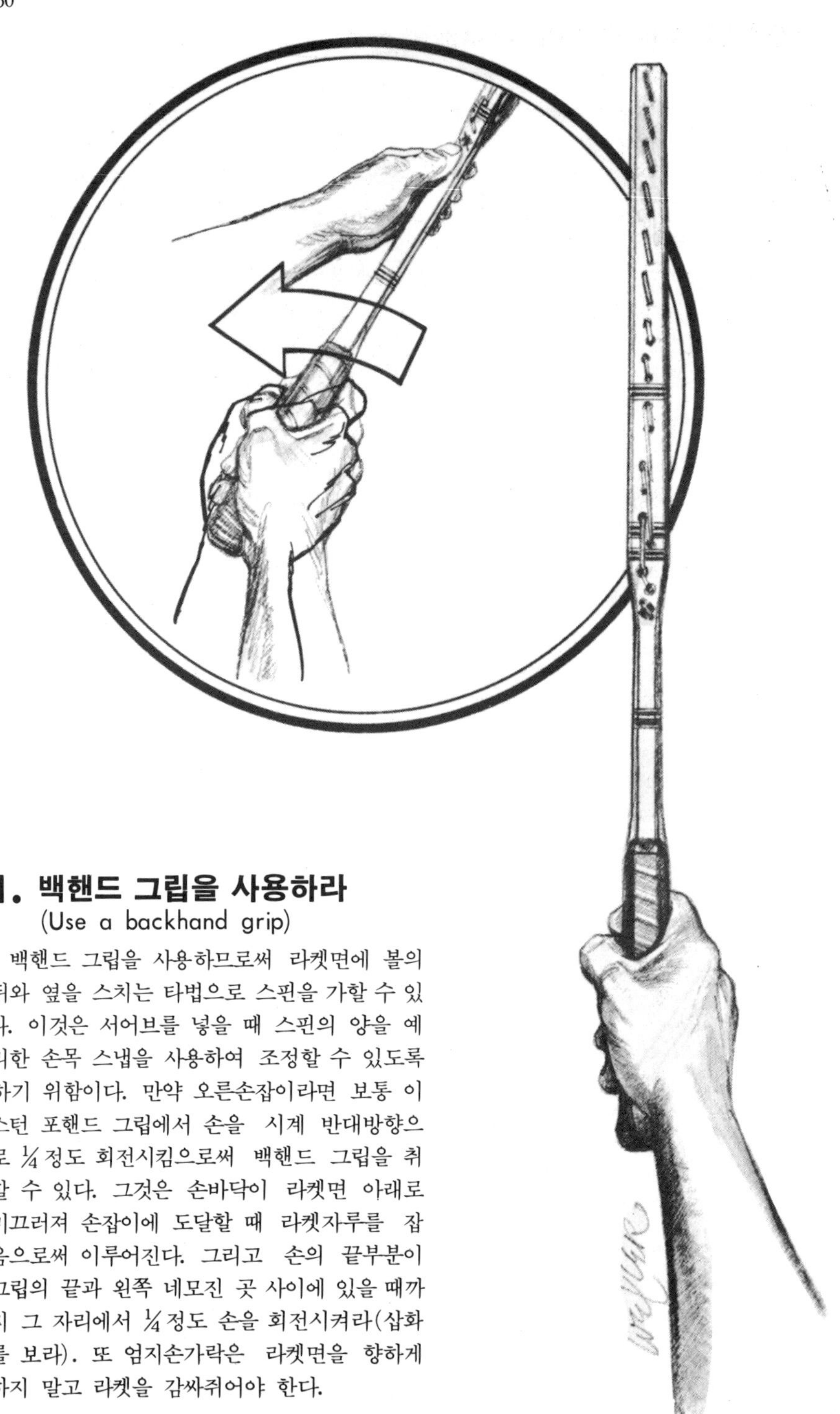

1. 백핸드 그립을 사용하라
(Use a backhand grip)

　백핸드 그립을 사용하므로써 라켓면에 볼의 뒤와 옆을 스치는 타법으로 스핀을 가할 수 있다. 이것은 서어브를 넣을 때 스핀의 양을 예리한 손목 스냅을 사용하여 조정할 수 있도록 하기 위함이다. 만약 오른손잡이라면 보통 이스턴 포핸드 그립에서 손을 시계 반대방향으로 ¼ 정도 회전시킴으로써 백핸드 그립을 취할 수 있다. 그것은 손바닥이 라켓면 아래로 미끄러져 손잡이에 도달할 때 라켓자루를 잡음으로써 이루어진다. 그리고 손의 끝부분이 그립의 끝과 왼쪽 네모진 곳 사이에 있을 때까지 그 자리에서 ¼ 정도 손을 회전시켜라(삽화를 보라). 또 엄지손가락은 라켓면을 향하게 하지 말고 라켓을 감싸쥐어야 한다.

2. 라켓을 세워 잡아라
(Hold your racquet up)

  서어브를 위한 출발 위치는 앞발이 베이스라인에 45°되게, 그리고 발은 편안하게 어깨넓이 정도로 벌리고 서되 풋 폴트를 하는 일이 없도록 베이스라인에서 몇 인치 떨어져 서는 것이 좋다. 라켓과 볼을 위로 그리고 밖으로 뻗쳐 정면 가슴높이 정도가 되었을 때 서어브의 동작을 시작하라(사진 A). 대부분의 경기자들은 서어비스 동작의 리듬을 맞추는 데 도움이 되도록 라켓면의 끝부분과 볼을 맞대어 잡는다. 라켓을 바로 앞으로 가져갈 때 목표로 하고 있는 서어비스 박스를 점검하고 상대편이 서어브 받을 준비를 하고 있는지 확인하라. 어떤 선수들은 서어브하기 전에 코트면에 볼을 몇 번 바운드시킨다. 그렇게 하는 것이 나쁘지는 않지만 그렇다고 반드시 필요한 동작도 아니다. 그러나 상대를 산만하게 하거나 시간을 지연시키는 작전상 필요한 것이 될 수도 있다. 당신이 필요에 의하여 해야 할 최선의 행위는 완전한 준비자세를 취하고 서어브를 시도하는 것이다.

3. 번호 붙이는 방식을 시도해 보라
(Try the countdown system)

  많은 선수들이 볼의 릴리스와 치는 동작의 조정에 문제점을 가지고 있다. 만약 그런 문제점을 갖고 있다면 이 번호 붙이기 방식이 도움이 될 것이다. '하나'를 헤아릴 때 양팔을 내리고 '둘'에 볼을 쥔 팔은 정면 상단으로 움직이고 라켓을 쥔 팔은 정면 상단으로 움직이고 라켓을 쥔 팔은 새가 날개를 떨칠 때와 같이 뒤쪽으로 가야 한다. '셋'을 헤아리는 순간 라켓은 서어브를 치기 위해 위로 그리고 앞으로 나와야 한다. 내리고 올리고 치는데 '하나, 둘, 셋'을 리듬 있게 카운트하라. 카운트는 보다 부드럽고, 보다 조정력 있는 서어브를 구사하는 데 도움을 준다는 것을 알게 될 것이다.

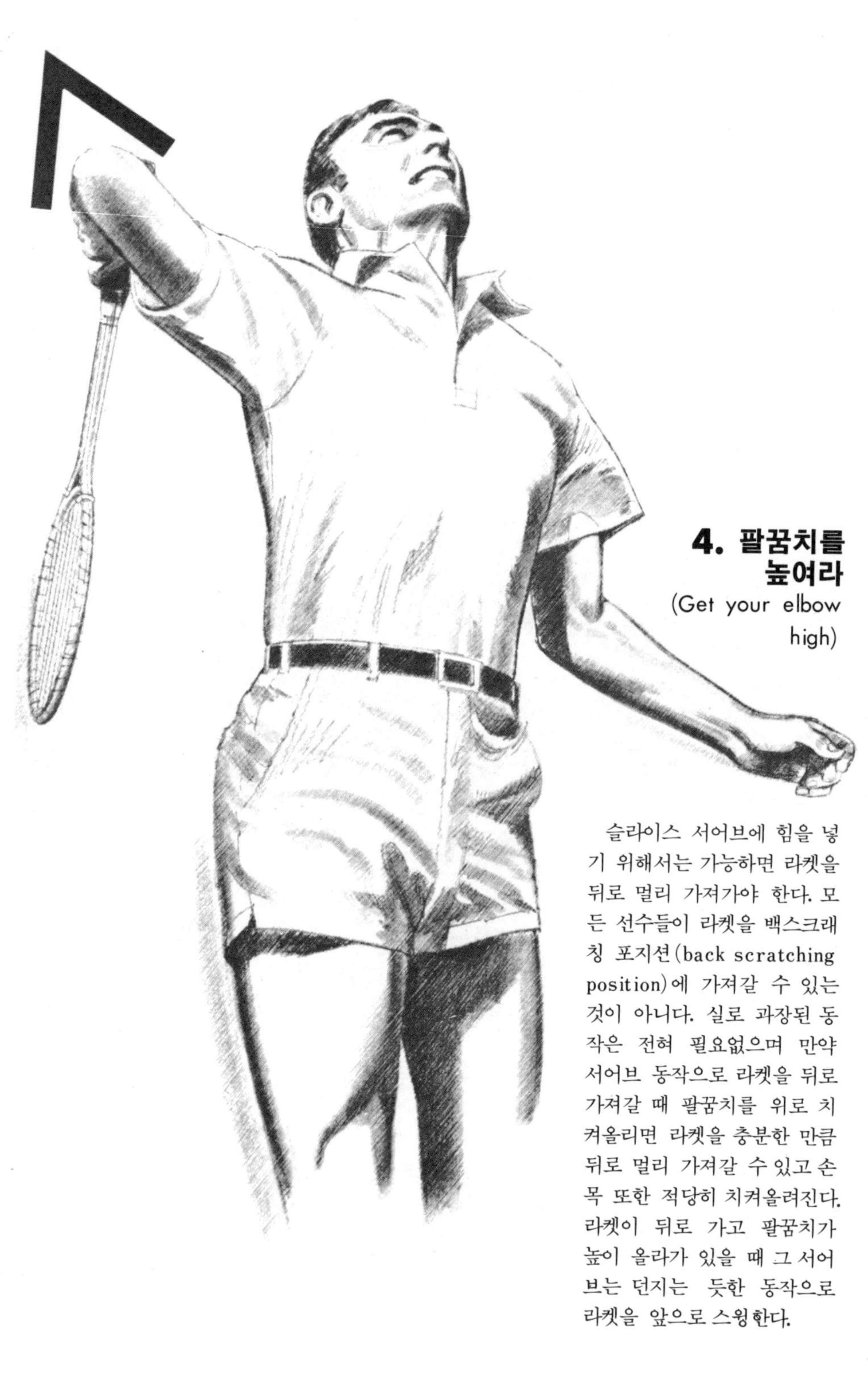

슬라이스 서어브에 힘을 넣기 위해서는 가능하면 라켓을 뒤로 멀리 가져가야 한다. 모든 선수들이 라켓을 백스크래칭 포지션(back scratching position)에 가져갈 수 있는 것이 아니다. 실로 과장된 동작은 전혀 필요없으며 만약 서어브 동작으로 라켓을 뒤로 가져갈 때 팔꿈치를 위로 치켜올리면 라켓을 충분한 만큼 뒤로 멀리 가져갈 수 있고 손목 또한 적당히 치켜올려진다. 라켓이 뒤로 가고 팔꿈치가 높이 올라가 있을 때 그 서어브는 던지는 듯한 동작으로 라켓을 앞으로 스윙한다.

5. 몸을 굽혔다가 펴는 탄력을 이용하라
(Flex your body)

　강한 서어브를 넣을 때 근육군을 그렇게 필요로 하지 않는다. 샷을 할 때 힘을 가하기 위해서는 체중을 이용할 수 있기 때문이다. 서어브를 넣을 때 몸 자체를 풀려고 하는 감겨 있는 스프링으로 생각하라. 그것은 서어브를 치기 위한 준비로서 무릎을 구부리고 몸을 구부려야 된다는 것을 의미한다. 그리고 라켓을 앞으로 이동하기 시작할 때 스트로크에 최대한의 힘을 가하기 위해서는 굽혔던 몸을 풀어라. 즉 굽혀진 몸을 펴라는 것이다. 라켓이 위로 이동될 때 몸을 위로 뻗어라. 그러면 서어브에 힘이 들어가게 되고 굽혔던 몸체가 풀리는 동작을 느낌으로 알 수 있을 것이다. 또한 나은 서어브를 위해서는 공중의 보다 더 높은 곳에서 볼을 쳐야 할 것이다.

6. 체중을 앞으로 이동하라
(Move your weight forward)

　타구를 위한 준비로서 라켓이 몸의 뒤쪽에 있을 때 체중은 뒷발에서 앞발로 이동이 시작되어야 한다. 이 체중의 이동은 마치 스프링처럼 신체부위를 굽혔다 펴는 동작에 도움을 줄 것이다. 체중 이동은 폴로우 드루를 하기 위하여 움직일 때도 체중이 앞으로 갈 수 있도록 계속되어야 한다. 만약 그것을 정확하게 한다면 몸의 균형을 유지하거나 네트로 대시하는 데 있어서는 스윙을 끝냄과 동시에 한 걸음쯤 내디뎌 주어야 할 것이다.

7. 라켓을 던지듯이 쳐라
(Throw your racquet)

백스크래칭 포지션에서 앞으로 스윙을 할 때 라켓은 예리하면서도 빨라져야 한다. 마치 라켓을 네트 위에 던지려고 하는 것처럼 라켓을 앞으로 가져감으로써 이러한 빠른 가속을 가할 수 있다. 일련의 지도자들은 실질적으로 초보자들이 가능한 한 멀리 라켓을 토스하게 하므로써 이 동작에 익숙해지도록 가르치려고 노력을 한다. 만약 야구공이나 축구공을 내려꽂듯이 던지는 데 익숙해 있다면 서어브를 위한 던지는 동작을 쉽게 전개시킬 것이다. 그렇지 않다면 스냅이 들어가는 느낌을 가질 때까지 여러 번 라켓을 던지듯이 스윙 연습을 계속하라.

8. 머리가 위로 향하게 하라
(Keep your head up)

다른 스트로크를 칠 때와 마찬가지로 서어브를 넣을 때 볼에 시선을 고정시키는 것도 중요하다. 볼을 공중에 올릴 때, 볼을 쳐다보고 볼을 칠 때, 계속 집중하여 볼을 보라. 라켓과 볼이 만나기 전에 볼에서 시선이 떨어지는 것은 몸을 앞으로 가져갈 때 고개를 떨군 상태였기 때문이다. 만약 당신의 머리를 위로 향하도록 하고 당신의 시선이 볼을 정확하게 바라볼 수 있게 된다면, 라켓의 중앙에 볼을 충분히 맞힐 수 있는 기회는 한층 더 증가할 것이다. 뿐만 아니라 볼이 상대편 코트로 갈 때 볼의 낙하지점을 계속해서 바라보는 데도 도움을 줄 것이다.

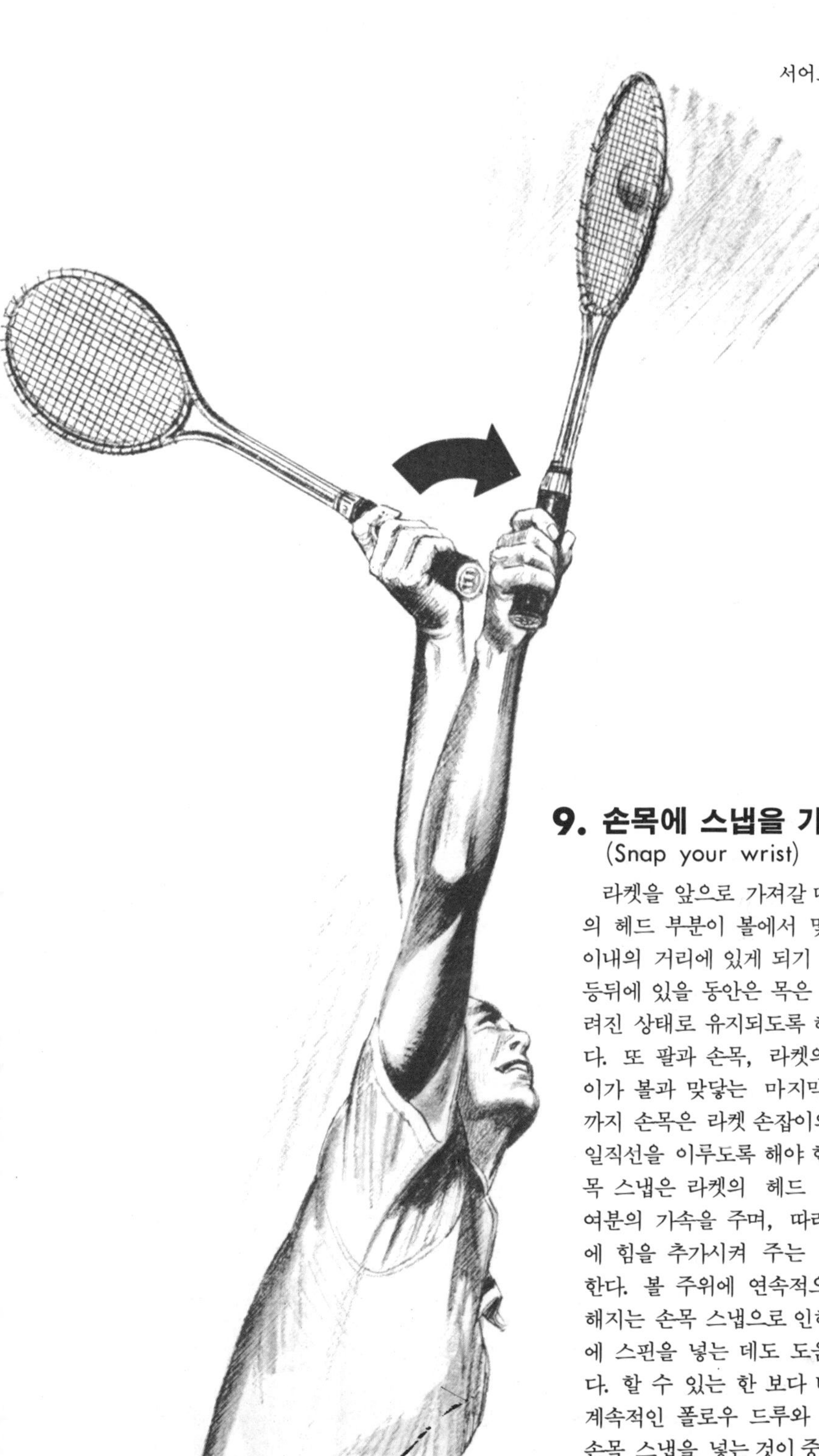

9. 손목에 스냅을 가하라
(Snap your wrist)

라켓을 앞으로 가져갈 때 라켓의 헤드 부분이 볼에서 몇 피트 이내의 거리에 있게 되기 전까지 등뒤에 있을 동안은 목은 치켜올려진 상태로 유지되도록 해야 한다. 또 팔과 손목, 라켓의 손잡이가 볼과 맞닿는 마지막 순간까지 손목은 라켓 손잡이와 거의 일직선을 이루도록 해야 한다. 손목 스냅은 라켓의 헤드 부분에 여분의 가속을 주며, 따라서 샷에 힘을 추가시켜 주는 역할을 한다. 볼 주위에 연속적으로 가해지는 손목 스냅으로 인하여 볼에 스핀을 넣는 데도 도움이 된다. 할 수 있는 한 보다 더 멀리 계속적인 폴로우 드루와 연결된 손목 스냅을 넣는 것이 중요하다.

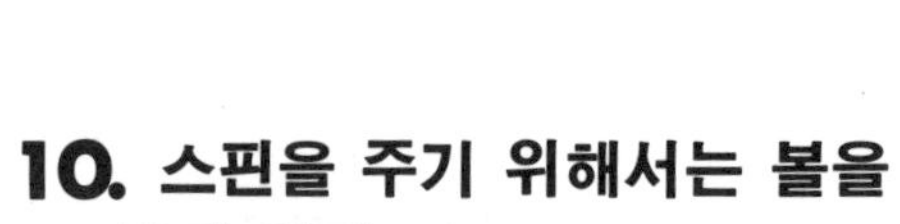

10. 스핀을 주기 위해서는 볼을 빗겨 쳐라
(Brush the ball for spin)

볼에 스핀을 넣기 위해 라켓이 볼의 뒷면에 맞고 계속해서 치는 동작을 마무리지을 때 볼의 옆면 둘레를 맞히며 끝내야 한다. 만약 백핸드 그립을 사용한다면 손목 스냅은 손목이 뻗을 때 볼의 뒤와 옆을 거의 스치고 지나가게 될 것이다, 만약 볼의 주위에 라켓의 헤드 부분을 이동시킬 수 없다면 스핀이 거의 들어가지 않거나 스핀이 들어가도 약하게 들어가 플랫 서어브와 마찬가지가 될 것이다. 볼을 더 많이 빗겨 스치고 지나갈수록 볼에 더 많은 스핀을 넣을 수 있을 것이다. 볼의 후면과 측면을 가로질러 움직이는 라켓을 잡기 위해서는 듀스 코트, 즉 코트의 우측에서 서어브하는 오른손잡이는 마치 그가 오른쪽 네트 구역을 향하고 있는 것처럼 스윙을 해야 한다. 만약 그가 정확하게 볼을 친다면 그 라켓동작은 볼을 의도한 서어비스 코트로 보낼 수 있게 될 것이다.

11. 폴로우 드루의 마무리동작
(Finish the follow-through)

볼을 치는 순간 서어브가 끝나는 것은 아
니다. 라켓을 몸의 반대편 주위로 완전히
폴로우 드루(사진 L)하여 가져감으로써 적
어도 코트 안에 발을 한 걸음 내디딘 상태
로 서어브의 마지막 동작을 끝내야 한다. 만
약 완전한 폴로우 드루를 하지 않을 경우
볼이 라켓에 임팩트되는 순간 라켓의 속도
가 줄어들 것이며 그 결과로 약한 서어브
가 되고 말 것이다. 라켓이 뒤쪽 펜스를 가
리키도록 몸 뒤쪽으로 올 수 있게 폴로우
드루를 하라.

슬라이스 서어브를 위한 요점

1. 백핸드 그립을 사용하고 있는 지를 확인하라.
2. 라켓을 충분히 뒤로 가져가고 팔꿈치의 상태
   는 높은 위치에 오도록 하라.
3. 머리는 위로 향하도록 하면서 볼을 주시하라.
4. 볼을 칠 때 손목 스냅을 넣어라.
5. 몸을 가로질러 완전한 폴로우 드루로 서어브
   를 끝내라.

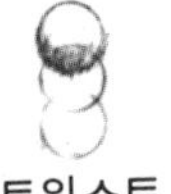

트위스트

플랫

플랫 서어브와 트위스트 서어브의 타법

일단 한 선수가 기본적인 서어브인 슬라이스 서어브를 완전히 익히고 나면 다른 두 종류의 서어브인 플랫과 트위스트 서어브를 발전시켜 나감으로써 경기의 차원을 높여 갈 수 있다. 플랫 서어브는 거의 스핀이 없는 강력한 타법이다. 플랫 서어브는 공중에서 거의 일직선으로 나아가며 코트 표면에 낮게 바운드된다. 플랫 서어브는 서어브를 넣는 선수가 상대편에게서 에이스를 얻고자 할 때 주로 첫번째 서어브로 사용된다.

대조적으로 트위스트 서어브를 사이드 스핀이나 톱스핀을 갖고 있고 리시이브에서 볼이 튀어오르며 서어비스 박스로 커어브를 형성하여 들어간다. 트위스트 서어브는 이리하여 정확하게 맞을 때 좋은 두 번째의 서어브가 된다. 그러나 트위스트 서어브는 비교적 어렵기 때문에 슬라이스에 익숙해지기 전에는 시도하지 않는 것이 좋다.

1. 볼의 위치 선정
(Where to place the ball)

플랫 서어브를 위한 볼의 릴리스는 슬라이스 서어브의 경우와 거의 유사하다. 정면 우측이 볼의 릴리스 위치다. 오른손잡이인 경우에 볼을 부드럽게 오른쪽으로 올려라. 그리하여 볼을 치지 않고 그대로 떨어뜨린다면 앞발 오른쪽에 떨어질 것이다.

그러나 트위스트 서어브를 위해서는 약간 왼쪽에다 볼을 두어야 한다. 왜냐하면 라켓을 위로 올려 적절한 스핀을 주기 위해서는 볼에 스냅을 주어야 하기 때문이다. 볼을 공중의 왼쪽에 올려라. 그리하여 만약 그 볼을 치지 않고 떨어뜨릴 경우 그 볼을 베이스라인에 떨어질 것이다.

2a. 플랫 서어브의 시작
(Starting the flat serve)

　플랫 서어브는 가능하면 강하게 쳐야한다. 그리하여 에이스를 만들거나 아니면 적어도 상대가 받아서 친 볼이 약한볼이 되도록 해야 할 것이다. 그러기 위해서는 부드러운 스윙을 해야 하고 체중을 샷에 실어야 하며, 그리고 후면 외측으로 볼을 치기 위하여 팔을 뻗어야 한다. 또 볼을 릴리스할 때 라켓은 부드럽게 몸 뒤쪽에 와 있어야 한다.

2b. 트위스트 서어브의 시작
(Starting the twist serve)

　트위스트 서어브의 시작은 가능하면 슬라이스 서어브나 플랫 서어브를 넣는 것처럼 보이도록 해야 하며 그래서 자신의의도를 상대편에게 간파당하지 않도록해야 한다(사진 J). 그러나 트위스트서어브에 요구되는 스핀을 가하기 위해서 대부분의 선수들은 플랫 서어브나 슬라이 서어브의 경우보다 볼을 몸쪽에 더가까이 올려야 한다(사진 K, L).

3a. 플랫 서어브를 위해서는 몸을 쭉 펴라
(Stretch your body for the flat serve)

플랫 서어브를 치는 동작은 볼이 맞기 직전과 맞고 난 직후 라켓의 움직임을 제외하고는 슬라이스 서어브의 동작과 거의 같다. 서어브에 슬라이스를 가하려는 경우, 라켓은 스핀을 주기 위해 볼을 빗겨쳐야 하며 플랫 서어브를 위해서는 볼에 어떠한 스핀을 넣으려는 노력 없이 뒤에서 정면으로 쳐야 한다. 플랫 서어브의 비결은 힘이다. 그러한 힘을 얻기 위하여 라켓을 뒤로 가져갈 때 몸을 움츠렸다가 서어브를 넣을 때 용수철처럼(사진 D) 몸을 뻗어 쳐야 한다. 라켓은 가능하면 훨씬 뒤쪽으로 가져가라(사진 E). 그래서 팔뚝이 지면과 평행이 되도록 하라. 라켓을 볼 바로 뒤쪽으로 던지는 듯한 동작으로(사진 F), 위로 그리고 앞으로 가져가라. 몸과 라켓을 잡은 팔이 충분히 펴진 채로 몸 정면의 볼을 치기 위해 위로 그리고 앞으로 뻗어라(사진 G). 샷에 체중을 싣도록 하라. 그렇게 할 경우 볼을 치고 난 후 자연히 코트에 한 두 걸음 들어가지 않을 수 없을 것이다(사진 H). 스윙하는 데 어떠한 동작의 단절이 있어서는 안 되며 충분한 폴로우 드루를 하므로써 스트로크를 끝내라(사진 I). 플랫 서어브를 치고 나서 네트로 향해 질주하라. 당신이 정확하고 강력한 플랫 서어브를 구사했다면 아마도 상대에게서 되돌아오는 약한 타구는 당신의 발리에 의하여 당신의 포인트로 끝날 것이다.

3b. 트위스트 서어브를 구사할 때는 허리를 뒤로 굽혀라
(Bend your back for the twist serve)

트위스트 서어브는 쉬운 스트로크가 아니다. 볼에 톱스핀과 사이드스핀을 동시에 넣어야 한다. 그래야 공중에서 볼이 높이 바운드될 것이고 리시이브가 어려울 것이다. 필요한 스핀을 얻기 위해서는 볼을 칠 때 라켓은 위로 가서 볼 위를 맞혀야만 한다. 그것은 슬라이스나 플랫서어브에 사용되는 것과는 다른 두드러진 손목 스냅을 필요로 하며 볼을 치기 위한 정확한 위치가 중요하다. 그러나 라켓동작의 첫부분은 다른 두 서어브와 일치한다. 가능하면 멀리 라켓을 가져가라(사진 M). 궁술가의 활처럼 뒤로 굽힘으로써 몸을 구부리고(사진 N), 체중을 충분히 뒤로 가져가라. 그러고 나서 라켓은 부드럽게 위로 가져가고, 칠 때 연속적인 손목 스냅을 가하라(사진 O, P). 그래서 라켓이 볼의 위쪽을 향한 타격이 되게 볼을 쳐라. 물론 어느 정도 앞으로 향한 동작이 있어야 하지만 볼에 스핀을 넣기 위해 라켓을 스냅하는데 노력의 대부분을 집중시켜야 한다. 접촉 후 라켓은 오른손잡이인 경우에 앞 오른편 바깥쪽으로 스윙이 이어져야 한다(사진 Q). 마지막으로 완전한 폴로우 드루를 하고 왼편으로 라켓을 가져옴으로써 동작을 끝내라(사진 R).

4a. 플랫 서어브에 힘을 가하는 요령
(How to put power into a flat serve)

플랫 서어브에 스피드를 가져오는 열쇠는 전 체중을 샷하는 데 실어주는 것이다. 볼을 몸 앞에 충분히 올려 자신의 정면 외측에서 볼을 칠 수 있는 자세를 취하므로써 체중을 실을 수 있다(왼쪽 그림). 볼과 접촉시에 팔을 곧게 하여 몸을 충분히 뻗어 공중에 있는 볼과 충분한 높이에서 임팩트시키는 것 또한 중요하다. 볼에 체중을 싣기 위해서는, 볼을 라켓면과 거의 수직으로 맞추어 뒤쪽 정면으로 친다(위의 삽화를 보라). 만약 아래로 친다면 볼은 네트로 갈 것이다. 볼을 일직선으로 칠 때 볼이 서어비스 박스 안으로 들어간다고 기대할 수 없기 때문에 볼이 아래로 떨어지는 것은 중력에 의존해야 한다. 그러나 만약 볼을 위로 친다면 서어브는 길게 갈 것이다. 플랫 서어브에 있어서 상당한 양의 위험이 뒤따르는 이유가 여기에 있다.

플랫 서어브에 관한 요점

1. 볼을 정면 오른쪽 바깥으로 올려라 (오른손잡이인 경우).
2. 볼을 치기 위하여 몸을 뻗을 때는 용수철처럼 펴라.
3. 몸 앞쪽에서 볼을 치고 난 후 체중은 볼을 치는 방향으로 이동시켜라.

4b. 트위스트 서어브의 스핀을 얻는 방법
(How to get spin on a twist serve)

트위스트 서어브를 칠 때 라켓의 헤드 부분은 두 가지 동작 즉 위로 향하는 동작과 앞으로 향하는 동작이 동시에 일어난다. 위로 향하는 동작은 볼에 맞기 직전에 손목의 스냅에서 발생하고(스냅은 볼에 맞으면서 계속 볼이 라켓에서 떠난 직후에 끝난다), 앞으로 향하는 동작은 체중을 실어 볼을 계속해서 칠 때 팔과 몸이 앞으로 향하는 동작에서 발생한다. 만약 볼 뒤쪽에서 시계의 면을 상상해 본다면 라켓의 면은 약 7시 위치에서 볼을 쳐야 할 것이고 1시 위치에서 라켓이 볼의 상단을 예리하게 스치고 지나가도록 해야 한다. 플랫 서어브나 슬라이스 서어브를 구사할 때보다 약간 낮은 높이에서 볼을 친다면 그것은 가능하다.

트위스트 서어브를 위한 요점

1. 볼을 칠 때 볼에 스핀을 넣을 수 있도록 공중에 볼을 올리되 가까이에 올려라.
2. 체중은 충분히 뒤쪽으로 이동시키고 볼을 치기 전에 몸을 구부려라.
3. 볼과 마주칠 때 라켓의 헤드 부분을 위로 그리고 볼 위에 가져오므로써 최대한의 손목 스냅을 이용하라.
4. 몸을 가로질러 폴로우 드루를 끝내라. 즉 오른손잡이라면 왼쪽 다리를 벗어난 대각선 끝지점에서 폴로우 드루를 끝내라.

RETURN OF SERVE
서어브의 반구

서어브 반구의 방법

서어브를 받는 것은 단 하나의 특수한 테니스 스트로크로 분류될 수 없다. 때로는 포핸드로 또 어떤 때는 백핸드로, 그리고 종종 로브와 같이 쳐야 하기 때문이다. 더군다나 그러한 스트로크로서 서어브를 받는다는 것은 종종 서로 랠리(rally)를 하는 동안의 스트로크를 하는 것보다도 훨씬 더 어렵다. 결국 리시이버가 방어 위치에 있고 일단 볼이 왔을 때 서어브의 속도와 스핀에 관하여 몇 가지 빠른 결정을 내려야 하는 반면에 서어브를 넣는 사람은 상황을 완전히 조절 할 수 있다. 놀랄 것 없이 리시이버가 볼을 기다릴 때는 걱정이 될지도 모른다. 그래서 자기 자신은 성공적으로 서어브를 받는 기본적인 요령에 익숙하도록 하는 것이 스트로크를 하는 점에서 유의해야 할 점이지만 전술적인 관점에서 선수들이 어떻게 대처하느냐에 그 성공의 여부가 달려 있다.

1. 긴장은 풀되 주의력 있는 준비자세를 취하라
(Be ready, relaxed and alert)

대부분의 선수들은 서어브를 기다리고 있을 때 얼마간 긴장을 느낀다. 이런 긴장을 해소하기 위해서 톱선수들은 종종 팔이나 다리를 흔들거나 라켓을 빙글빙글 돌리는 것을 볼 수 있다. 서어브를 받기 위한 걸음을 내딛기 전에 긴장을 풀려고 하는 것은 좋은 생각이다. 그러고 나서 조심스럽게 준비자세를 취하거나 베이스라인 가까이에 있어라. 라켓의 헤드 부분이 위로 향하게 하고 몸은 긴장을 풀고 무릎은 구부리고 발은 뒤꿈치를 약간 들고 체중을 발의 앞쪽에 두도록 하라. 론 홈버그(Ron Homberg)가 보이는 시범처럼 정말로 준비를 할 수 있는 시기는 이때 뿐이라는 사실을 기억하라. 당신의 준비가 끝나지 않은 상태에서 상대가 서어브를 넣는다고 급하게 준비상태로 들어갈 필요는 없다. 상대는 당신의 준비상태를 확인하고 서어브를 넣을 것이기 때문에 여유 있게 준비자세를 취해도 되는 것이다. 보통 포핸드로 서어브 받는 것을 더 좋아한다면 이스턴 포핸드(악수하는 식) 그립으로 기다려라. 그러나 경험이 있는 선수는 종종 서어브를 당신의 백핸드 쪽으로 쏘아 넣을 것이다. 그런 경우에 백핸드 그립 즉 라켓의 꼭대기 위에서 ¼ 정도 손을 돌려서 리시이브 준비를 할 수 있다(삽화를 보라). 볼이 윙 하고 소리를 낼 때 자신의 동작을 결정하려는 것은 어려운 일이다. 준비자세를 취한 후 서어브를 넣는 사람과 그가 릴리스할 때 그 볼에 주의를 집중하라.

2. 볼이 움직이는 순간 동작을 옮겨라
(Move when the ball move)

준비자세를 취하고 있을 때(사진 A) 볼에 대한 이동은 두뇌의 반응시간, 몸의 지둔 혹은 몸이 움직이는 데 걸리는 시간에 의하여 지연되어질 것이다. 볼이 서어브를 넣는 사람의 손에서 떨어질 때 볼을 주시하므로써 반응시간을 단축시킬 수 있다. 상대가 볼을 플랫으로 칠 것인가 혹은 각도를 주어 칠 것인가를 예측하라. 만약 각도를 주어 친다면 볼에 슬라이스가 걸릴 것이라는 것을 알고 옆으로 이동할 수 있다. 만약 어떤 각도로 들어오는지를 판단할 수 없으면 귀를 이용하라. 플랫으로 치는 볼은 스핀으로 치는 볼보다 날카로운 소리를 낼 것이다.

발의 뒤꿈치를 약간 들어 줌으로써(사진 B) 준비할 동적 정지상태의 몸을 신속히 움직일 수 있는 효과를 거둘 수 있다. 그렇게 하여 움직이되 볼의 방향을 결정하는 순간 상체를 회전시켜 타구를 위한 동작을 취하라(사진 C).

■지도 / 론 홈버그

3. 라켓은 뒤로 일찍 빼라
(Get your racquet back early)

특히 첫번째 서어브의 리시이브는 보통 그라운드 스트로크를 할 때보다 시간적으로 바쁘다. 그것은 빠른 준비와 짧은 백스윙을 해야 됨을 의미한다. 서어브하는 사람의 볼을 치는 동작을 잘 보라. 그래야 그 볼이 라켓을 떠난 후 곧바로 볼의 방향을 판단할 수 있다. 그러고 나서 상체를 회전시켜 동작에 들어가라. 그래야 상체의 이동과 라켓의 스윙이 동시에 일어날 수 있다.

가능하다면 스트로크 이전에 준비단계를 끝내라. 그래야 앞쪽으로 하는 스윙은 보통 그라운드 스트로크와 같이 완전한 것이 될 것이다. 라켓의 백스윙은 가능한 한 빨리하는 것이 좋다. 만약 보통 그라운드 스트로크 때 고리모양의 스윙 즉 루우프 백스윙(loop backswing)을 한다면 그 습관은 그대로 유지해도 좋다.

4. 백스윙을 짧게 하라
(Use a shorter backswing)

상대방이 빠른 서어브를 구사하여 그 서어브에 대하여 반응하는 데 충분한 시간이 없을 때 라켓을 뒤로 잘 가져 가서 볼을 쳐라. 그리하여 백스윙을 짧게 하되 볼을 계속 밀어쳐내는 데 신경을 써라. 비결은 상대의 서어브에 따라 자신의 백스윙을 적응시키는 것이다. 만약 서어브가 진짜 탄환처럼 강하다면 백스윙을 길게 했다가는 볼이 지나간 후에나 혹은 몸의 뒤쪽에서 볼을 맞히게 될 것이다. 그러나 짧은 백스윙으로 강한 서어브에 대처해야 한다는 사실도 중요하지만 빠른 걸음 또한 중요함을 잊지 말라.

역으로 속도가 느린 두 번째 서어브에서는 완전히 백스윙을 할 충분한 시간을 가질 것이며 볼을 되받아 치기 위해서 몇 걸음 들어갈 수도 있을 것이다. 일반적인 경험으로 상대가 서어브한 볼이 네트를 넘는 순간 백스윙이 끝나야 하고 바로 그 시점에서 앞으로 스윙하기 위한 이동이 시작되어야 한다.

5. 볼을 따라가라
(Track the ball)

서어브를 되받아 칠 준비가 되어 있을 때 볼의 낙하지점에 관하여 일련의 재빠른 결정을 해야만 한다. 그것이 오른쪽일까 혹은 왼쪽일까? 그것이 서어비스 박스 안 깊숙이 아니면 얕게 떨어질까? 그것이 높이 바운드될 것인가 아니면 낮게 바운드될 것인가? 이러한 결정을 하기 위하여 볼을 주시해야 한다. 볼이 서어브를 넣은 사람의 손을 떠나기 전에, 볼에 시선을 고정시켜라. 라켓에 볼이 맞아 오를 때에도 시선은 따라가야 한다. 심지어 볼이 라켓에 맞기 전에도 서어브에 관하여 몇 가지 예리한 추측은 할 수 있어야 한다. 예를 들어 대부분의 선수들은 슬라이스나 플랫 서어브의 경우에 똑같은 장소에서 볼을 릴리스하지만 트위스트 서어브의 경우, 릴리스는 보통 몸쪽으로 더 가깝게 한다. 볼이 토스된 후 몸쪽으로 올 때 볼의 성격을 추측해야 한다.

6. 느린 서어브는 안쪽으로 들어가라
(Move in for slower serve)

서어브를 받을 때의 위치는 베이스라인이 가장 좋다. 그 지점에서 예측하고 준비하여 볼을 칠 시간을 갖게 될 것이다. 그러나 만일 서어브를 넣는 사람의 두 번째 서어브가 약할 때는 안으로 당겨 들어가 볼을 일찍 잡아쳐라. 약한 서어브를 넣은 사람은 볼을 보내거나 볼을 되받아 치기 위해 준비할 시간이 적기 때문에 당신은 서어브를 넣은 상대에게 압박감을 주게 될 것이다. 그리고 짧고 느린 볼은 앞으로 이동하여 들어가서 치게 되므로 네트에 더 가까이 접근할 수 있고 계속해서 앞으로 이동할 수 있어서 다음 샷으로 견고한 발리를 할 수 있는 유리한 위치에 있게 될 것이다.

두 번째 서어브를 받고 있을 때 적어도 한 스텝은 코트 안으로 충분히 더 들어가야 한다. 그것은 느려진 볼을 빨리 치고, 네트로 대시할 수 있는 기회가 주어지며 네트에 가까울수록 각도가 깊은 타구를 할 수 있음은 물론이기 때문이다. 만약 서어브가 아주 약하다면 두세 발자국 들어가도 좋다.

7. 볼을 밀어쳐라
(Hit through the ball)

서어브를 받을 때는 잡념을 버려라. 상대편 코트로 깊고 견고한 샷을 하는 데 만족하고 특히 복식경기에 있어서는 서어브를 넣고 들어오는 상대의 발을 겨냥하여 볼을 보내라. 보통 그라운드 스트로크를 하는 것과 같이—고정시켜 허리높이에서 그리고 앞발 바로 앞에서— 볼을 쳐라. 만약 볼이 높이 바운드 된다면 그 볼에 라켓을 맞추기 위해서는 더 높은 위치에서 스윙을 해야 한다. 그러나 만약 볼이 낮게 바운드 된다면 무릎을 구부려라. 그래야 허리 높이쯤에서 볼을 칠 수 있을 것이다. 상대의 강한 첫 서어브를 맞힐 때는 특히 손목과 그립을 고정시켜라. 손목을 고정시키지 않고 느슨하게 잡고 되받아 칠 경우 많은 실수를 유발하여 특히 중앙에서 벗어나는 강서어브에는 거의 리턴에 실패할 것이다. 고정된 손목은 의도한 방향과 빠른 속도를 선사해 줄 것임에 틀림없다.

볼을 보내고자 하는 방향으로 끝까지 침으로써 가능하면 볼이 오랫 동안 라켓에 머물도록 하라. 라켓은 먼저 볼의 낙하선을 따라가야 하고 그러고 나서 보통 그라운드 스트로크에 있어서와 같이 완전한 폴로우 드루를 한다면 볼을 계속해서 밀어치는 기회를 증대시킬 것이다.

8. 볼을 되받아 친 후에도 계속 움직여라
(Keep moving after your return)

　자신의 경기력을 향상시키려 할 때 상대편이 보낼 만한 곳의 중앙—즉 코트에서 상대가 샷을 보내어 볼이 떨어질 수 있는 길목의 중간—으로 이동해야 한다. 예를 들어 단식게임에서 당신이 코트의 중앙 아래로 볼을 되받아 쳤다면 코트의 중앙쪽으로 이동해야 한다. 그러나 만약 당신이 샷을 짧게 혹은 사이드라인과 평행으로 친다면 상대편이 반구할 수 있는 각도는 커진다.

　어떠한 동작을 취하든 발끝에 체중을 두고 폴로우 드루를 끝내자 마자 곧 서어브를 넣은 사람의 다음 샷을 처리하기 위해 움직이고 코트의 중앙으로 곧장 이동하라. 단식경기에 있어서는 베이스라인 바로 뒤쪽 센터 마크 가까이가 그 위치이고 복식경기에 있어서는 코트 안의 중간쯤에서 상황에 따라 앞으로 혹은 뒤로 갈 수 있다.

서어브 리턴을 위한 요점

1. 볼이 서어브를 넣은 사람의 손을 떠나는 순간부터 볼을 주시하라.
2. 서어브가 강하고 빠를수록 백스윙은 더욱 짧게 하라.
3. 상체를 회전시켜 가능하면 볼이 네트를 넘어오기 전에 라켓을 뒤로 가져가 백스윙을 빨리 할 수 있도록 하라.
4. 손목을 고정시켜 볼을 쭉 밀어치고 폴로우 드루를 완전히 하라.
5. 서어브를 하는 사람이 뒤에 머물러 있을 때는 길고 깊은 반구를 하고 서어브 후 네트 쪽으로 대시하는 경우는 상대의 발을 향해 낮은 리턴 샷을 구사하라.

포핸드 발리의 요령

경기의 수준이 어떠하든간에 효과적인 발리는 스트로크의 한 종류가 되어야 한다. 힘차고 조정력 있는 발리는 단식경기와 복식경기에서 네트를 점령하여 성공할 수 있는 유일한 비결이다.

몇몇 선수들은 발리를 할 수 없기 때문에 네트에 머뭇거린다. 그러나 발리는 앞서간 많은 선수들이 그라운드 스트로크보다 훨씬 더 쉬운 것으로 여기는 단순한 스트로크이다. 발리는 거의 백스윙 없이 앞으로 짧게 치는 스윙이다. 그래서 스트로크를 짧게 하면 할수록 샷은 더 쉬워진다.

반면에 복식경기에서 네트 플레이를 할 때는 거리가 짧아 시간이 부족할 것이다. 다른 스트로크에서보다 반응이 더 빨라야 하고 더욱 본능적인 예측력을 발달시켜야 한다.

발리의 기술과 능력을 발전시켜 나가는 데 도움을 주기 위해서 포핸드 발리의 단계적인 기술로부터 시작해서 훨씬 더 많은 기술을 필요로 하는 높고 낮은 발리뿐만 아니라 백핸드 발리까지 다루어 가기로 한다.

1. 네트 가까이에서 준비자세를 취하라
(Get set at the net)

네트 플레이는 민첩성과 예측력을 필요로 하는데 상대와의 거리가 가까운 만큼 볼이 훨씬 더 빨리 오기 때문에 베이스 라인에서 보다 더 민첩한 행동과 예측력이 요구된다. 시선은 볼을 예리하게 주시하고 몸은 굽혀야 하며 빨리 움직일 준비가 되어 있어야 한다. 체중은 양발의 앞쪽에 두어라. 무릎은 굽혀야 하고 허리의 체중이 앞으로 쏠리도록 해야 한다. 라켓의 헤드 부분을 손보다 높게 잡아야 하고 볼이 맞을 네트의 높이보다 훨씬 위로 가게 해서 몸 정면에 위치시켜라. 볼이 올 때 라켓을 뒤로 가져가는 데 도움을 주기 위해 라켓을 잡지 않은 손으로 라켓의 목을 가볍게 받쳐라.

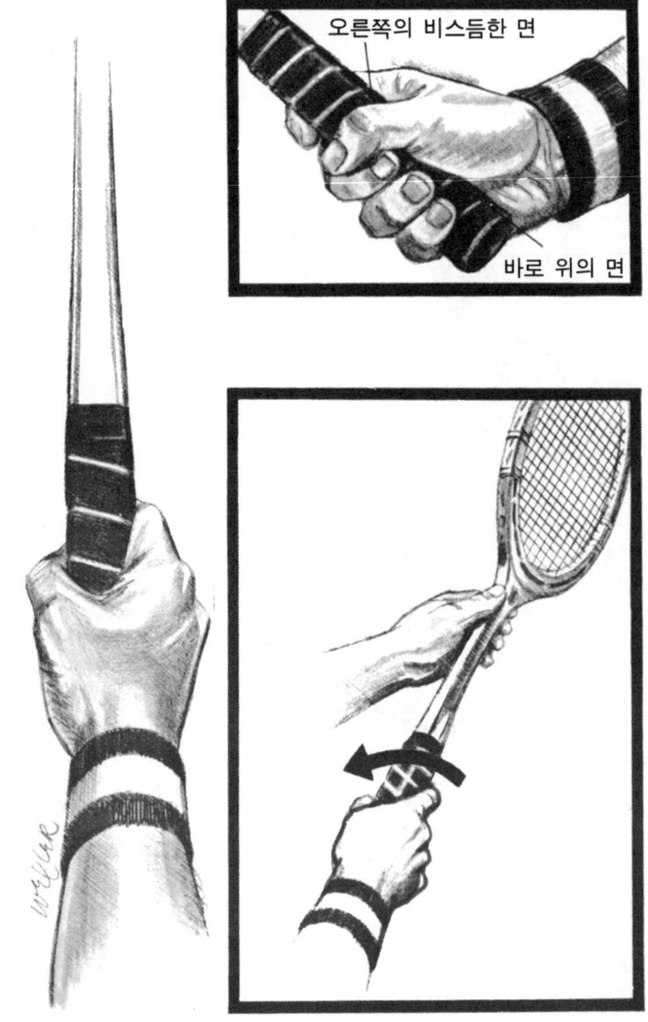

2. 어떤 형태의 발리건 가능하도록 한 가지 그립만 사용하라
(Use one grip for all Volleys)

맨 먼저 네트 플레이를 시작할 때 발리를 위해 보통 이스턴 포핸드나 백핸드 그립을 사용하라(이스턴 포핸드를 위해 라켓을 악수하듯이 잡고 백핸드를 위해 손을 위로 ¼ 회전시켜라). 그러나 경기가 전개되어 감에 따라 그립을 전환할 시간을 가질 수 없고 네트에서 빠른 볼에 직면할 경우 그립을 돌려잡을 시간이 없어 적절한 대처가 어려움을 알게 될 것이다. 그러면 포핸드와 백핸드 그립 사이의 중간 그립을 취하라. 단지 중간 그립만으로도 부담감 없이 어떠한 상황에서나 적절한 발리를 구사할 수 있게 될 것이다. 여기에 보이고 있는 콘티넨탈 그립을 추천한다. 이스턴 포핸드 그립으로부터 콘티넨탈 그립으로 바꾸어 잡기 위해서는 엄지손가락의 기부(基部)가 라켓 손잡이의 상단면 위에 있도록 약 ⅛쯤 라켓을 회전시켜라(위에 있는 삽화를 보라). 엄지손가락은 핸들 주위를 감싸쥐어야 하며 집게손가락의 기부 손가락 마디(관절)는 손잡이(오른 손잡이인 경우에) 오른쪽 손의 사각 위에 있어야 한다.

3. 라켓을 뒤로 가져가기 위해서는 몸자체를 돌려라
(Pivot to get your racquet back)

네트에서 샷을 바로 주고받는 경우에 몸을 돌릴 시간이 거의 없을 것이며 그라운드 스트로크를 할 때와 같이 볼을 향해 발이 나가서 치게 될 것이다. 그렇지만 보다 정확한 발리를 위해서는 어깨만이라도 돌려야 하며 원칙적으로는 라켓을 뒤로 가져가기 위해서 상체를 회전시켜야지, 상체는 그냥 두고 팔로만 라켓을 뒤로 빼서는 곤란하다. 만약 상대편의 샷이 갈 지점을 예상하자마자 곧 어깨를 회전시킨다면 라켓은 자동적으로 매우 적은 팔동작으로도 자연스럽게 뒤로 뺄 수 있어 적절한 백스윙이 될 것이다. 만약 오른손잡이라면 시간이 있을 때마다 왼발을 볼을 향해서 한 발자국씩 내딛는 연습을 하라. 그렇게 하므로써 체중을 실은 자연스럽고 강력한 발리를 구사할 수 있게 된다.

4. 라켓을 꽉 쥐어라
(Squeeze the racquet)

발리를 치는 동작은 스윙에 최대한의 힘을 주기 위하여 잡고 있는 손높이보다 라켓의 헤드 부분이 위에 오도록 하여 블로킹이나 펀칭동작과 같이 하는 것이다. 그러기 위해서는 고정된 손목이 필요하며 라켓을 꽉 쥐어야 할 필요가 있다. 만약 느슨한 그립으로 발리를 친다면 라켓은 샷을 조정할 수 없을 정도로 손 안에서 흔들릴 것이다. 그러므로 볼을 칠려고 할 때는 그립을 더 꽉 쥐어야 한다. 그러면 손목은 자동적으로 고정이 될 것이다. 그렇게 하므로써 의도한 위치에서 정확하고 결정적인 발리를 구사할 수 있게 될 것이다.

5. 몸보다 앞에서
볼을 쳐내라
(Hit out in front)

적당한 펀칭동작을 가지기 위해 몸의 앞에서 볼을 쳐내라. 앞쪽 다리 앞발쪽으로 약 6인치인 지점에서 볼을 쳐라. 라켓의 헤드 부분이 위로 향하도록 하고 라켓면을 약간 뒤로 기울여라. 만약 라켓면이 앞쪽으로 기운다면 네트에 걸리는 발리가 될 것이다. 발리 타구는 거의 슬라이스와 같이 약간 아래로 향하는 펀칭동작이다. 그러나 라켓면을 너무 뒤로 기울게 하지 말라. 그러면 라켓의 열린 면과 슬라이스 동작의 콤비네이션으로 인하여 공중으로 뜨는 타구가 일어나고 말 것이다. 볼이 네트 위로 넘어 들어가면서 상대편 코트 위에 깔려지도록 볼을 앞쪽으로 쳐내라.

6. 볼을 잘 주시하라
(Watch the ball)

네트에서 어느 정도 빠른 동작에 말려들었을 때 볼에 시선을 잃지 않도록 하는 것이 중요하다. 시선이 볼의 낙하 지점선 가까이에 가도록 몸 앞에서 볼을 쳐내고 몸을 아래로 숙인다면 볼에서 시선을 잃지 않게 될 것이다. 만약 빠르게 오는 볼을 앞무릎까지 지나도록 둔다면 볼에서 시선을 잃게 될 것이며 샷의 실패율도 증가할 것이다. 앞에서 볼을 쳐내라. 그러면 볼이 라켓줄에 맞기 전에 좀더 오랜 기간 동안 볼을 볼 수 있을 것이다.

7. 발리의 폴로우 드루는 휘두르는 동작이 아니다
(Punch your follow-through)

발리 폴로우 드루는 크게 휘두르는 스윙이라기보다는 오히려 순간적으로 찌르는 권투의 잽(Jab)과 같은 것이다. 짧은 볼의 접촉과 신속한 준비동작의 필요 때문에 그라운드 스트로크를 할 때와 같이 긴 폴로우 드루를 필요로 하지 않는다. 발리에서 폴로우 드루의 끝맺음은 볼을 보내려고 하는 방향으로 보내는 예리하고 짧은 펀칭동작이어야 한다. 볼에 라켓이 접촉하는 위치로부터 볼을 보내고자 하는 위치의 직선상에 라켓줄을 묶어 둔다는 기분으로 그 가상 연결선을 따라 펀칭하듯 폴로우 드루를 하라.

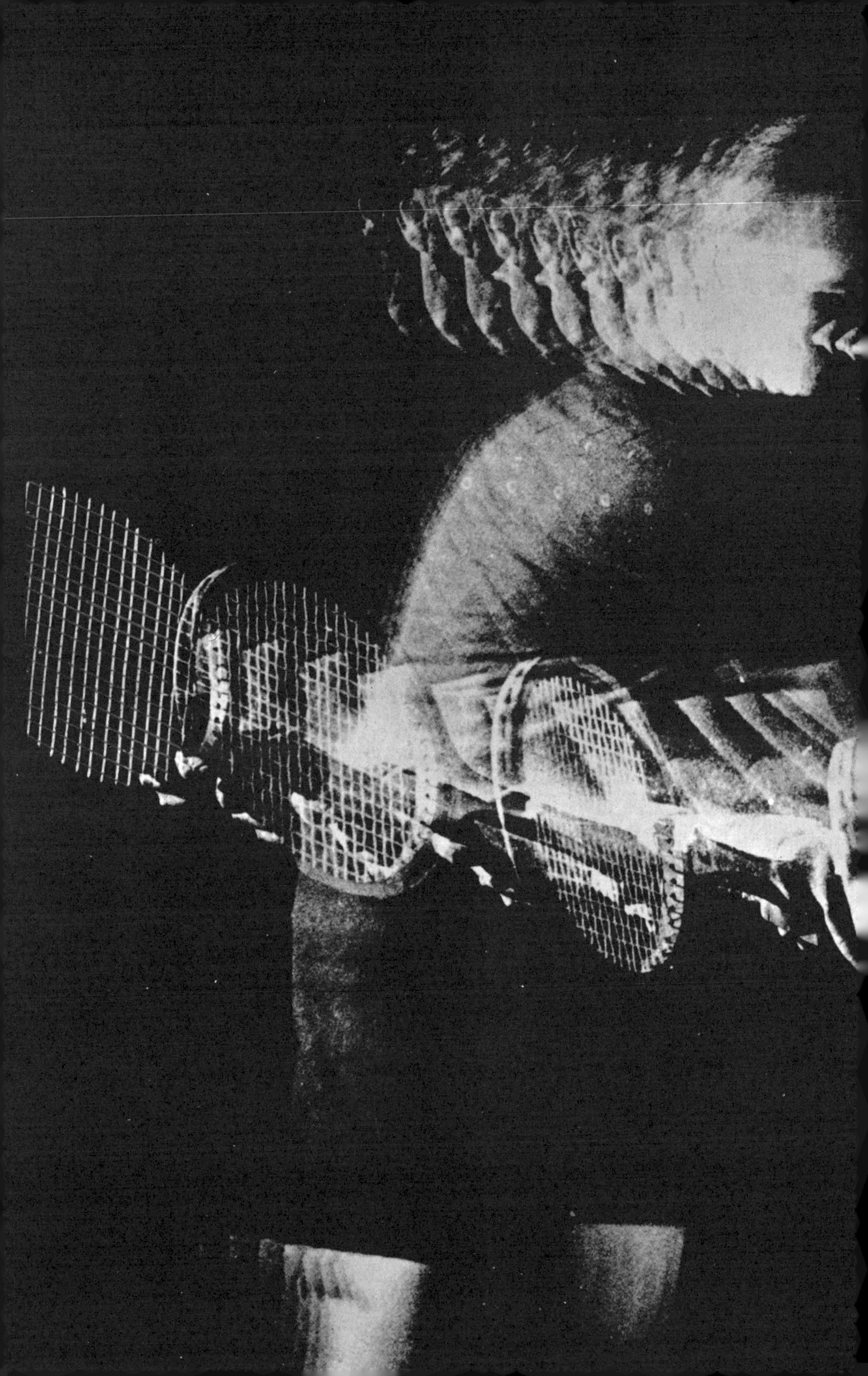

포핸드 발리에 관한 요점

포핸드 발리를 치고 있는 론 홈버그(Ron Ho-lmberg)의 이 스트로보스코우픽(Stroboscop-ic; 급속히 회전 또는 진동하는 물체를 관찰 연구하는 장치)식 일련의 사진은 스트로크를 구사할 때 기억해야 할 몇 가지 중요한 점을 한 눈으로 볼 수 있다.

1. 볼을 주시하라.
2. 고정된 손목과 한 가지 그립을 사용하라.
3. 몸 앞에서 볼을 쳐내라.
4. 라켓 헤드가 손목보다 위에 있도록 하라.
5. 짧은 펀칭 스트로크를 해야 한다.

네트 플레이에서 발리를 할 때는 이 요점을 마음속에 되새겨라. 그럴 경우 당신의 발리는 힘차고 조정력 있는 훌륭한 동작으로 숙련되어 갈 것이다.

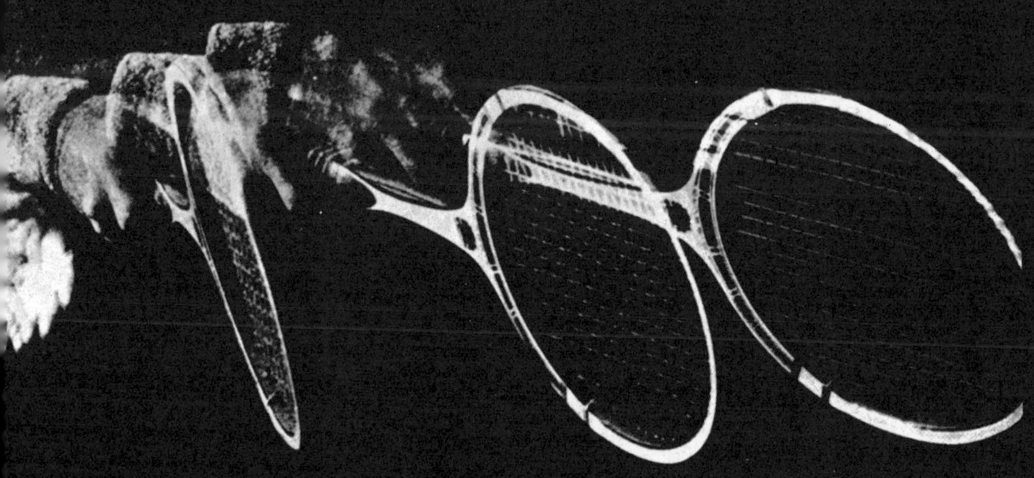

백핸드 발리의 요령

보통 많은 선수들이 백핸드 발리를 테니스에 있어서의 보다 세련된 샷의 하나로 여기고 있다. 실제적으로 그것은 가장 간단한 것 중의 하나이다. 왜냐하면 스윙이 짧으며 복잡하지 않을 뿐만 아니라 스트로크를 통하여 몸의 바로 바깥쪽에 볼이 보이기 때문이다.

수준 높은 대부분의 선수들은 백핸드 발리가 포핸드 발리보다 더 쉽다고 알고 있다. 왜냐하면 스트로크가 선수의 몸에 의해 제한을 받지 않기 때문이다. 그러나 효과적인 백핸드 발리는 몸 앞에서 쳐내야만 하고 그러기 위해서는 빠른 반응과 민첩한 준비를 필요로 한다.

1. 라켓을 잡지 않은 손을 잘 이용하라

(Use the other hand)

발의 앞부분에 체중을 싣고서 약간 구부린 자세로 서서 발리 준비를 하라. 초보자를 제외한 모든 선수들은 콘티넨탈 그립〈표준 이스턴(악수하는 식) 그립에서 위로 손을 ⅛ 회전시키므로 해서 도달됨〉을 사용해야 한다. 다른 손의 손가락 끝으로 가볍게 라켓의 목을 잡아라. 볼이 백핸드 쪽으로 접근할 때 그 손은 라켓을 뒤로 빼는 데 보조하라. 이렇게 하므로써 스트로크를 위해 몸과 라켓의 위치를 정확히 잡아 주는 데 도움이 될 것이다. 그러나 다른 손은 라켓의 헤드 부분을 뒤로 끌고 가지 말고 단지 가볍게 라켓을 안내하는 정도로만 사용하라.

2. 어깨를 먼저 돌려라
(Pivot your shoulders first)

　준비된 자세에서 첫번째 움직임은 상체가 볼의 예상 타점선과 평행이 되도록 양어깨를 돌리는 것이다. 이 동작은 체중을 뒤로 가져다 주고 긴 백스윙을 하기 쉬운 발리의 가장 중요한 잘못을 해결하는 데 도움이 될 것이다. 라켓이 뒤의 어깨 부근에 그리고 라켓 헤드가 손 위로 치켜 올려졌을 때 라켓을 정지시켜라. 만약 시간이 있다면 더 강한 힘을 주기 위해 샷하면서 발걸음을 내디뎌라. 그러나 바쁜 발리인 경우에 있어서도 마찬가지로 양어깨를 먼저 돌려야 된다는 사실을 잊지 말라. 그리고 볼을 주시하라.

3. 펀칭하듯 볼을 쳐라
(Punch the ball)

　볼을 보낼 방향으로 짧게 펀칭하는 동작으로 볼을 맞히기 위해 라켓을 앞으로 가져가라. 앞으로 스윙을 할 때 마치 양팔 사이에 긴 고무밴드를 쭉 펴는 기분으로 스트로크하는 팔은 앞으로 쭉 나가는 반면에 다른 팔은 뒤에서 라켓이 앞으로 나아가기 전의 상태에서 그대로 있게 하라. 그리고 양팔의 움직임에 주목하라. 라켓으로 몸 정면에서 볼을 바깥으로 쳐내고 볼의 타점선을 따라 폴로우 드루를 하라. 하지만 폴로우 드루는 짧게 해야 한다. 그렇게 할 때 준비자세로 돌아가 네트에 있을 때 언제 다시 되돌아올지 모르는 볼에 대하여 다음 준비자세를 취할 수 있다.

4. 정면 바깥쪽에서 볼을 쳐라
(Make contact out in front)

몸의 앞쪽 발방향으로 6인칭 정도에서 볼을 쳐내는 것이 백핸드 발리에서는 적당하며 또한 중요한 사항이다. 왜냐하면 볼을 좀더 잘 볼 수 있고 샷에 힘이 더 들어가게 되는 까닭이다. 볼에 라켓이 임팩트될 때 손목을 단단히 고정시키고 라켓을 꼭 잡도록 해야 한다. 그래야 라켓이 흔들리지 않아 강한 스트로크를 구사할 수 있다. 라켓의 헤드 부분이 샷을 할 때 최대한 힘을 주기 위해 잡고 있는 손보다 더 높이 있도록 해야 함은 포핸드 발리에서와 마찬가지다.

백핸드 발리에 관한 요점

　자신이 샷을 할 때 기억할 근본적인 요점을 위해 백핸드 발리를 치는 론 홈버그(R-on Holmberg)의 스트로보스코우픽(Strob-oscopic)식 일련의 동작을 연구하라.

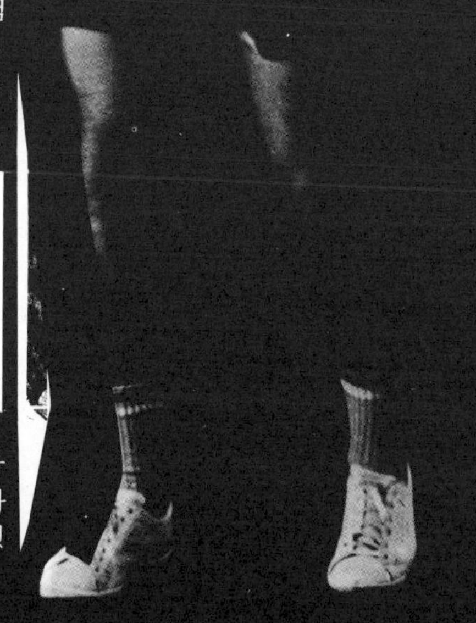

> 1. 볼을 주시하라.
> 2. 손목과 그립을 단단히 고정시켜서 사용하라.
> 3. 앞쪽 바깥 방향으로 볼을 쳐내라.
> 4. 라켓 헤드가 위로 가게 하라.
> 5. 짧고 펀치하는 스트로크를 구사하라.

　만약 모든 발리를 할 때 이 점검표를 마음에 간직한다면 곧 네트 플레이에서 승자가 되는 데 필요한 부드러운 동작이 전개될 것이다.

까다로운 발리의 타구요령

높은 발리는 되도록 빨리 타구하라
(Get to high volleys fast)

　스매시를 할 정도는 아니더라도 높고 몸에서 멀리 떨어진 지점으로 날아오는 볼은 몸의 앞쪽에서 쳐내야 한다. 그것은 볼을 잘 볼 수 있게 될 뿐만 아니라 힘 있는 타구를 할 수 있기 때문이다. 그리고 볼이 강하나 높고 까다로울수록 그립을 단단히 잡아 손목을 고정시켜라. 볼을 슬라이스로 치려고 하지 말라. 스매싱 높이가 아니면 슬라이스로 칠 만큼 높은 상태는 아니다. 칠 때 체중이 앞으로 가도록 정면으로 볼을 쳐라. 그고 나서 볼을 보내고자 하는 방향을 향해 밀고 짧은 폴로우 드루를 하라.

낮은 발리는 몸을 구부려라
(Bend for low volleys)

　낮은 발리는 가능하면 시선을 볼의 타점선 가까이에 갈 수 있도록 하라. 그것은 볼에 시선을 가깝게 할 뿐 아니라 부드럽고 조정력 있는 샷을 하기 위해 몸과 라켓을 아래로 가져다 주게 될 것이다. 만약 몸을 구부리지 않고 단지 라켓의 헤드 부분을 볼의 높이까지 내린다면 샷이 약하고 발리에 손목 스냅에 들어가 볼을 잡아올리는 것과 같은 사례가 빈번히 발생할 것이다. 자세를 낮출 때 몸의 전면에서 볼을 쳐내고 원하는 방향으로 폴로우 드루를 하라.

당신의 정면에 직선으로 오는 공은 막아준다는 기분으로 임팩트 시켜라

(Block those balls hit straight at you)

네트에서 볼이 몸 정면으로 날아와 보통 포핸드 발리나 백핸드 발리를 위해 한쪽으로 발을 내디딜 시간이 없을 때 어떻게 해야 할까? 정면에서 라켓을 가져가서 몸을 막는다는 기분 혹은 맞추어 반사시키는 기분으로 발리를 쳐라. 그 자체로도 백스윙할 여유가 없다. 그러나 만약 손목을 단단히 고정시키고 바르게 볼을 맞히기만 해도 볼을 정확히 쳐낼 수 있다. 이 방법 외의 다른 대책은 실점하는 길밖에 더 있겠는가? 샷 후 체중을 싣기 위해 몸을 앞으로 기울여라. 그 다음 상대 코트의 어떤 지점에 목표를 정하고 그 방향으로 폴로우 드루를 하라.

OVERHEADS AND LOBS
오우버헤드와 로브

오우버헤드의 타법

주말에 테니스를 즐기는 많은 테니스 동호인들은 오우버헤드에 대한 두려움을 갖고 있는 것처럼 보인다. 그래서 적당한 위치와 여유 있는 시간을 갖고서도 좋은 샷을 하지 못하는 예가 많다. 두려움 때문이다. 스트로크할 시간이 있을 때 경기를 통하여 갑작스럽게 한번씩 오는 스매시 기회에 스매시의 향상을 의존하지 말고 종종 오우버헤드 샷을 연습하라. 그래야만 믿을 만하고 정확한 오우버헤드를 구사할 수 있을 것이다.

오우버헤드는 물론 상대편의 로브(Lob)에 대한 응수다. 만약 로브가 높거나 오우버헤드에 실질적인 자신감이 부족하다면 볼이 바운드하게 내버려 두어 두 번째 볼이 내려올 때 치는 것이 좋다 (그라운드 스매시). 그러면 훨씬 더 볼의 움직임이 느릴 뿐만 아니라 그로 인하여 자리를 잡고 스트로크를 준비하는 데 더 많은 시간을 갖게 될 것이다.

이 장에서는 바운드 되고 후 난 오우버헤드를 치는 기본적인 사항을 살펴보고 공중에 있는 오우버헤드에 관한 진보된 기술에 관한 연구를 하고자 한다.

walker

바운드된 볼의 오우버헤드 타법

1. 볼을 빨리 따라가라
(Skip to the shot)

상대편이 방어적인 로브를 한다는 것을 알아차리는 즉시— 즉 상대가 백코트로 높고 깊은 로브를 보내면— 가능하면 빨리 후퇴하라. 만약 네트 가까이에서 베이스라인까지 달려가지 못한다면 몸을 옆으로 돌려 바운드 후에 볼이 떨어질 지점 뒤에까지 날렵하게 미끄러져 나가는 것이 가장 효과적이다. 옆으

로 몸을 돌리는 것은 몸이 볼을 칠 수 있는 위치로 가게 할 것이고 라켓을 뒤로 가져가는데 도움을 줄 것이다. 바운드될 볼의 위치보다는 훨씬 뒤쪽으로 가도록 하라. 몸이 볼에 너무 가까워서 몸이 뒤로 기울어져서 볼을 치게 되는 것보다 훨씬 더 뒤로 가서 앞으로 미끄러지면서 볼을 치는 것이 더 나은 방법이다. 야구 외야수가 날으는 볼을 잡기 위해 뒤로 이동하는 식으로 오우버헤드를 치기 위해 뒤로 움직여라. 뒤로 이동하였다가 볼이 포착되면 볼을 향해 다시 로브가 오면 충분히 후퇴한 다음 샷을 구사한다.

2. 볼을 주시하라
(Watch the ball)

　상대편이 높은 로브를 칠 때 오우버헤드를 시도하기 전에도 볼이 바운드 되도록 내버려 두어야 한다. 그러면 샷을 준비하는 시간을 더 많이 갖게 될 것이며, 로브는 볼이 코트 밖에 떨어질 가능성이 짙으므로 자신의 점수 관리면에서도 도움이 된다. 그러나 볼이 아래로 내려와 뒤로 바운드한 후 다시 내려올 순간 볼을 잘 주시하라. 강한 공격을 할 때는 상대편의 위치가 그렇게 중요하지 않기 때문에 상대편을 무시해 버려라. 바운드된 후의 볼은 속도에 있어서도 훨씬 느릴 것이다. 그래서 그 볼을 칠 시간을 맞추기가 훨씬 더 쉽다는 점을 기억하라.

3. 적합한 위치를 설정하라
(Adjust your position)

　많은 선수들이 오우버헤드를 치기 위해 빨리 뒤로 이동하지만 볼이 마지막으로 도착할 때 올바른 위치에 있는 예가 그렇게 많지 않은 것으로 보인다. 그것은 단지 볼의 낙하지점 뒤에서 볼이 바운드하는 것을 기다리는 시간이 충분치 못하기 때문일 것이다. 라켓에 볼이 접촉하기 직전까지 벌써 자신의 위치 설정이 거의 끝나야 한다. 그것은 아주 약한 한 줄기 바람도 볼의 낙하지점을 쉽게 변경시킬 수 있기 때문에 옥외경기에서는 특히 중요한 사항이다. 위치를 조정할 때 라켓을 뒤로 가져가야 하고 물론 볼을 치려고 예상하는 방향으로 사이드 스텝을 밟아야 한다. 정면에서 라켓을 위로 치켜올려서 어깨 뒤에 떨구어 라켓을 뒤로 가져가라. 여기서 혼돈하지 말아야 할 것은 크게 휘두르는 스윙, 즉 라운드하우스 스윙을 사용해서는 안 된다는 사실이다.

4. 팔꿈치를 높게 유지하라
(Keep your elbow high)

로브로 인하여 뒤로 이동할 때는 옆으로 돌아서 라켓으로 볼을 칠 자세를 취해야 한다. 그렇게 하여 샷 준비가 되었다는 것은 백스윙을 끝내기 위해 몸 뒤쪽에 라켓의 헤드 부분을 떨구는 일이다. 이때 서어브를 할 때의 백스윙처럼 라켓을 빼어 뒤로 가져갈 필요는 없다. 그러나 앞으로 스윙을 하기 직전에 팔꿈치가 높이 가도록 하는 것과 팔뚝이 지면과 평행하도록 뒤로 충분한 스윙이 되어야 한다. 높이 올라간 팔꿈치와 떨구어진 라켓의 헤드 부분이 콤비네이션을 이루어 손목을 치켜올려야 한다. 그렇게 하면 라켓 헤드에 최대한의 가속도를 붙이기 위하여 어깨와 팔과 손목을 사용하여 강력한 스윙을 할 수 있는 가장 좋은 위치에 있게 될 것이다. 오우버헤드를 치기 위해 준비하는 것은 볼을 던지기 위해 준비하는, 즉 스냅을 가하기 위해 팔을 뒤로 가져가고 팔꿈치를 위로 향하도록 하는 것과 같다.

5. 몸이 타구에 빨려 들어가야 한다
(Move into shot)

볼이 떨어질 지점 바로 뒤에 몸의 위치를 두고 스윙을 시작할 때 앞으로 빨려 들어
가듯 쳐야 할 것이다. 이 동작은 샷에 체중을 싣는 결과가 되어 강한 샷을 만들어 낼
것이다. 어깨 회전과 손목 스냅만으로 적당한 스매시를 치는 것은 가능하다. 그러나 할
수 있을 때는 어느 때라도 서어브를 넣을 때 체중을 앞으로 옮겨야만 하는 것과 꼭같
이 샷을 향해 움직여야 한다. 볼을 치기 위해 스윙을 할 때 어깨를 회전시켜라. 그렇
게 하므로써 뒷발을 앞으로 가져갈 것이며 샷에 체중을 실을 수 있을 것이다.

6. 정면 바깥으로 쳐내라
(Hit out in front)

만약 볼 뒤에서 뒤쪽으로 이동하며 볼을 포착한다면 볼을 쉽게 칠 수 있다. 그러나
만약 볼이 몸보다 훨씬 뒤쪽에 토스되었을 경우 서투른 샷이 되고 말 것이며 샷에 체
중을 가할 수 없기 때문에 힘없는 샷이 되고 만다. 몸의 약간 오른쪽 바로 머리 위에
타점을 두어라. 그 위치는 정확히 토스된 볼을 치지 않고 그대로 떨어뜨린다면 발가락
앞에 떨어질 위치다. 얼굴이 위로 향하도록 하고 볼을 칠 때까지 계속 주시하라.

7. 손목에 스냅을 가하라
(Snap your wrist)

오우버헤드를 강력하게 치는 비결은 라켓의 헤드 부분에 가속도를 주기 위해 앞으로 스윙할 때 손목에 스냅을 주는 것이다. 만약 볼을 실제로 치지 않고 샷 동작을 할 경우, 명확히 '우쉬' 하는 바람을 가르는 소리가 날 정도로 빨리 스냅을 넣어야 한다. 앞으로 스윙을 시작할 때 손목은 치켜올려야 하고 볼과 마주칠 때 계속해서 손목에 스냅을 넣어 주어야 한다. 그러나 팔이 위로 올라갔을 때 손목을 치켜올려 미리 구부리지는 말아야 한다. 그런 다음 폴로우 드루를 하라(오른쪽 그림). 그립을 단단히 고정시켜야 된다는 것을 명심하고 손목 스냅은 일반적인 스트로크보다 라켓 헤드를 빨리 움직이도록 하는 역할을 하는데, 이때 그립을 느슨하게 잡는다면 그 샷은 실패로 끝날 것이다. 볼과 마주칠 때 팔, 손목, 그리고 라켓은 일직선상에 있도록 하고 몸은 약간 앞으로 기울어져야 한다. 볼과 접촉한 후에도 손목 스냅은 계속적으로 가해져야 하고 서어브를 넣을 경우와 똑같이 몸의 반대편에서 폴로우 드루를 끝내라. 훌륭한 손목 스냅은 어느 정도 강한 팔의 근육을 필요로 한다.

8. 볼을 깊숙이 보내라
(Send the ball deep)

　모든 오우버헤드는 상대편 코트에 깊숙이 쳐야 한다. 강력하게 타구된 볼이 베이스라인 안쪽 상대의 발아래에 떨어지도록 깊숙한 오우버헤드를 구사했을 경우, 상대는 아마도 여러 가지 측면에서 반구에 어려움을 겪게 될 것이다. 만약 할 수만 있다면 되도록 상대편에게 어떤 종류의 리턴의 기회도 줄일 수 있는 오우버헤드를 쳐라. 그러나 상대편 발보다 오른쪽으로 스매시하는 것도 마찬가지로 효과적인 방법이 될 수 있다. 몸을 돌림으로써 샷의 방향을 눈치채지 않게 할 수 있다. 볼이 낙하하는 지점을 향하여 몸을 옆으로 돌려라. 그러고 나서 손목의 위치를 약간 조정만 한다면 상대편 코트의 코너에 볼을 자유자재로 보낼 수 있다.

그라운드 스매싱의 요점

1. 스트로크시 가까이서 볼을 주시하라.
2. 뒤로 물러갈 때 네트를 향해 옆으로 몸을 돌려라.
3. 위치를 잡기 위해서는 이동함과 동시에 라켓을 뒤로 가져가라.
4. 볼을 기다릴 때 계속해서 위치를 조정하라.
5. 볼 뒤에 머물러서 몸의 정면에서 볼을 맞힐 수 있도록 하라.
6. 최대한 손목 스냅을 이용하라.

공중볼의 오우버헤드 타법

공중에서 오우버헤드를 치는 것, 즉 볼이 바운드 되기 전의 스매싱은 보통 선수들의 경우, 경기에 있어서 가장 어려운 샷 중의 하나이다. 그러나 상황에 따라서는 별 도리가 없다. 만약 상대편이 높은 로브를 보낸다면 한 번 바운드시켜서 오우버헤드로 처리 (그라운드 스매싱)하면 좋다. 그러나 만약 로브가 비교적 낮다면 공중에서 그 로브를 되받아 치는 수밖에 없지 않은가 ?

1. 옆으로 돌아서라
(Turn sideways)

상대편이 낮은 공격적인 로브를 치자마자 곧—공중에서 받아야만 할 구질의 공이 올 경우—네트를 향해 몸을 옆으로 돌리고(사진 A) 볼의 예상 낙하지점으로 재빠르게 살짝 빠져 나가라. 그렇게 하므로써 오우버헤드 스윙을 시작할 적당한 위치를 확보할 수 있을 것이다. 라켓을 미리 뒤로 가지고 가서 샷에 체중을 실을 수 있도록 뒷발에 체중을 두도록 하라. 옆으로 돌아 물러날 때(오른손잡이인 경우) 바로 머리 위가 아니라 오른쪽 어깨 위에서 볼을 칠 수 있도록 볼의 낙하지점선에서 왼쪽으로 약 1피트 정도에 자신의 위치를 잡아라.

2. 볼을 주시하라
(Watch the ball)

초보자들은 네트 위로 오는 볼의 궤도를 주시하고 볼이 어느 높이, 어느 지점으로 가는지 빨리 판단하는 능력을 길러야 한다. 그라운드 스트로크에 있어서는 자세를 잡고 볼이 다가올 때 약간 조정할 수 있는 충분한 시간이 있다. 그러나 낮은 곡선을 그리는 로브에 있어서는 위치를 잡고 준비하는데 시간이 거의 없다. 그러므로 이때는 볼에 대한 예리한 집중력을 발휘하는 것이 무엇보다 중요하다. 몇몇 선수들은 트라버트(Trabert)가 사진 B에서 하고 있는 것과 같이 볼을 견주어 보기 위해 다른 팔을 사용하는 것을 좋아하는데 그것은 볼이 다가올 때 코트에서 위치를 조정하는데 훨씬 더 용이할 뿐더러 균형을 취하는 데도 또한 도움을 준다.

3. 간결한 백스윙을 하라
(Use a Compact backswing)

오우버헤드 경우에 앞으로 스윙하는 것이 플랫 서어브의 경우와 매우 흡사하지만 백스윙은 훨씬 더 짧게 해야 한다. 서어브를 넣을 때처럼 크게 휘두르는 스윙을 할 경우 몸 뒤쪽에서 라켓을 아래로, 그리고 다시 위로 가져갈 시간적 여유를 갖지 못한다. 샷을 준비하기 위하여 옆으로 돌 때 정면에서 라켓을 위로 가져가라(사진 A). 그리고 어깨 위로 스윙하여(사진 C), 라켓의 헤드 부분을 떨구었다가 다시 손목 위로 치켜 올려라(사진 D). 라켓을 뒤로 깊숙이 휘갈기는 위치로 가져갈 필요는 없으나 라켓의 헤드 부분이 야구볼을 던지기 위해 사용하는 것과 같은 스냅으로 스윙할 수 있도록 팔꿈치를 높이 유지해야 한다는 것을 잊지 말아야 한다.

4. 스프링처럼 몸을 펴면서 쳐라
(Uncoil like a spring)

강력한 샷을 치기 위해서 라켓의 헤드 부분은 볼과 임팩트할 때 최대의 속도로 이동해야 한다. 앞으로의 스윙은 팔뚝이 라켓을 위쪽으로 스윙할 때 어깨의 회전과 팔을 쭉 뻗는 동작의 콤비네이션으로 시작한다(사진 E). 그러고 나서 라켓이 볼에 접근할 때 연속적인 접촉을 유지하면서 폴로우 드루하는 손목 스냅(사진 F)을 시작하되 이때 손목을 치켜올리지는 말아야 한다. 전체 몸 동작은 강력한 용수철이 풀리는 것과 같다. 공중에서 훌륭한 어깨 회전과 강한 손목 스냅이 있어야 강력한 오우버헤드를 구사할 수 있다.

5. 발이 지면에서 떨어져서는 안 된다
(Keep your foot on the ground)

만약 볼을 맞히기 위해 점프를 해야 할 피치못할 경우가 아니라면 지면에 발을 딛고서 오우버헤드를 쳐야 한다. 코트에 접촉하여 머무르고 있는 동안 체중을 샷에 싣기 위하여 뒷발을 이용해서 체중을 옮길 수 있기 때문에 점프 없이도 강력한 오우버헤드를 칠 수 있다. 만약 시간이 있다면 볼이 내려올 때 볼 뒤쪽에서 기다릴 수 있도록 두 걸음 뒤로 살짝 빠져 나가라. 그렇게 하면 점프를 하지 않아도 몸의 정면에서 볼을 맞힐 수 있을 정도의 낮은 높이에 볼이 오게 될 것이다. 그러나 볼을 너무 낮게 두고 쳐서는 안 된다. 그럴 경우 팔이 꺾인 상태로 볼을 치게 되어 결과적으로 약한 샷을 유발하고 말 것이다. 뻗은 팔과 상체로 체중이 타점 뒤에 있도록 두었다가 이동시키면서 볼을 맞히어라. 뒷발은 서어브의 경우와 똑같이 샷을 끝냈을 때 앞으로 이동할 것이다. 그러나 앞발은 코트에 닿아 있어야 한다.

6. 점프는 불가피한 상황을
제외하고는 피하라
(Jump only when you must)

능숙한 테니스 선수가 공중에서 오우버헤드를 하기 위하여 점프하는 것을 종종 볼 것이다. 그것은 시간적으로 뒤로 물러설 여유가 없을 때 점프를 하지 않으면 아무리 라켓을 뻗어도 볼이 라켓 끝을 넘어가 버릴 상황이기 때문이다. 프로급 선수들의 시합에서는 빠른 경기 흐름으로, 뒤로 물러나 오우버헤드를 할 수 있는 최적의 위치를 잡을 시간적인 여유가 거의 없다. 점프하면서 오우버헤드를 칠 경우, 가능한 지면에서 발을 잘 이용하고 만약 시간이 없다면 옆으로 몸을 돌려 무릎을 구부리고 볼이 가까이 왔을 때 점프하라. 점프를 어떻게 할 것인가는 그렇게 중요한 문제는 아닌데 마음으로 볼을 치기 위한 충분한 높이에 도달할 수 있을 정도를 겨냥하라. 그러나 샷에 체중을 실을 수 없기 때문에 좋은 손목 스냅으로 볼을 치는 것이 중요하다. 이때는 상체를 앞으로 당기는 동작과 손목 스냅만으로도 좋은 타구를 구사해 낼 수 있을 것이다. 그러나 그 외의 방법적 선택은 코트 면에 머물러 스매시하는 방법뿐임을 기억하고 이같은 불가피한 상황을 제외하고는 점프 스매시는 피하는 것이 좋다.

7. 폴로우 드루는 끝까지 하라
(Finish your follow-through)

오우버헤드시 폴로우 드루는 견고한 플랫 서어브의 경우와 똑같다고 보면 틀림없다. 볼이 라켓에 임팩트된 후 손목 스냅을 계속 가하고(사진 G, H) 라켓의 헤드 부분이 뒷 펜스를 향한 상태에서 끝나도록 완전한 스윙을 하라(사진 I). 만약 폴로우 드루를 너무 일찍 멈추면 볼에 라켓이 임팩트 되는 순간 라켓의 속력이 줄어드는 결과가 된다. 반면에 완전한 폴로우 드루는 볼을 맞히는 라켓 헤드 부분의 속도를 최고의 상태로이 끌어 줄 것이다. 그것은 또한 볼의 스트로크 동작에서 체중을 앞으로 이동시키는 데 도움이 될 것이다. 만약 볼을 정면에서 바깥으로 처리했다면 몸의 균형을 유지하기 위해 뒷발을 한 발자국 앞으로 옮겨 주면 된다.

공중볼의 오우버헤드 타법에 관한 요점

1. 볼을 칠 때 계속 볼을 주시하라.
2. 상대가 로브를 한다는 것을 감지한 순간 빨리 옆으로 몸을 돌려라.
3. 일찍 준비에 임하고 간결한 백스윙을 하라.
4. 가능한 한 샷에 체중을 가하기 위해서 지면에 발을 붙여라.
5. 강한 손목 스냅으로 정면에서 볼을 쳐내라.
6. 서어브를 넣을 경우와 마찬가지로 완전한 폴로우 드루를 하라.

로브의 타법

　주말에나 테니스를 즐기는 아마추어 선수들은 경험이나 기술 혹은 경험과 기술 모두가 부족한 탓으로 로브의 사용을 소홀히 하는 경향이 있다. 그것은 잘못이다. 로브는 힘들이지 않고 코트에서 여러 가지 상황에 따라 효과적인 무기로 사용할 수 있다.

　로브는 불리한 상황 혹은 지점에서 벗어나기 위해 사용되는 방어적인 스트로크가 될 수도 있고, 완전한 득점을 노리는 공격적인 스트로크가 될 수도 있다.

　방어적인 로브는 보통 베이스라인에서 베이스라인으로, 고리모양으로 되는 높은 아아치형 샷이다. 그것은 엄격하게 수비적인 샷인데 점수를 얻기 위해서라기보다는 오히려 상대편을 서두르게 만들고

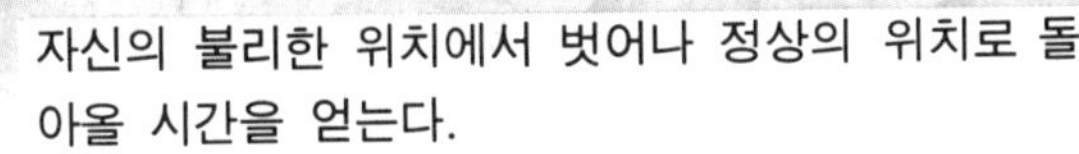

자신의 불리한 위치에서 벗어나 정상의 위치로 돌아올 시간을 얻는다.

공격형 로브는 상대편이 네트 가까이 있고 자신은 좋은 위치에 있을 때 패싱 샷(상대가 네트에 근접해 있을 때 미치지 못할 위치로 볼을 낮게 쳐보내는 샷)과 비교해서 유리한 쪽으로 선택해서 사용한다. 만약 로브를 정확하게 친다면 상대편이 네트 앞에 있다가 뒤로 뛰어 돌아갈 시간이나, 상대가 볼을 타구할 시간을 갖지 않도록 백코트(코트 뒤쪽) 깊숙하게 보내져야 한다. 이 로브는 항상 승자 쪽에 의미를 부여한다.

먼저 우리는 방어적인 로브의 본질을 살펴보고 다음으로 공격적인 로브의 본질을 살펴보고자 한다.

**방어적 로
브의 타법**

1. 움직이면서 준비에 들어가라
(Prepare as your move)

네트 위로 날아오는 볼을 받기 위해 볼이 낙하하는 지점에 이르기까지 시간적인 여유가 없을 때가 방어적인 로브의 적절한 사용 시기다. 그럴 경우는 올바른 포핸드 혹은 백핸드 드라이브를 칠 수 있는 시간적 여유가 없을 것이다. 그래서 볼을 향해 달려갈 때 곧 백스윙을 하라는 것이다. 마치 드라이브를 칠려고 하는 것처럼 완전히 백스윙을 하라. 그리고 가능하다면 볼의 낙하지점을 향해 달려갈 때 몸을 옆으로 돌려라.

2. 볼을 주시하라
(Watch the ball)

방어적인 로브를 칠려고 할 때 볼에 시선을 주는 일에 주의를 집중시키는 일은 상당히 힘들다. 그것은 방어적인 로브를 하는 상황 자체가 자신에게는 바쁜 상태이고, 부분적으로는 상대편이 네트 앞에서 좋은 위치를 구축할 수 있다는 생각 때문에 상대에게서 시선을 떼어서는 안 된다는 생각이 머리에 남아 있기 때문이다. 하지만 방어적인 로브를 할 때는 상대편을 무시해 버려라. 왜냐하면 이때 당신의 문제는 시간적으로 급한 상황인 만큼 상대방이 보낸 볼의 낙하지점에 도달하는 것과 네트 너머로 볼을 쳐 넘기느냐 못하느냐에 더 큰 문제가 있기 때문이다.

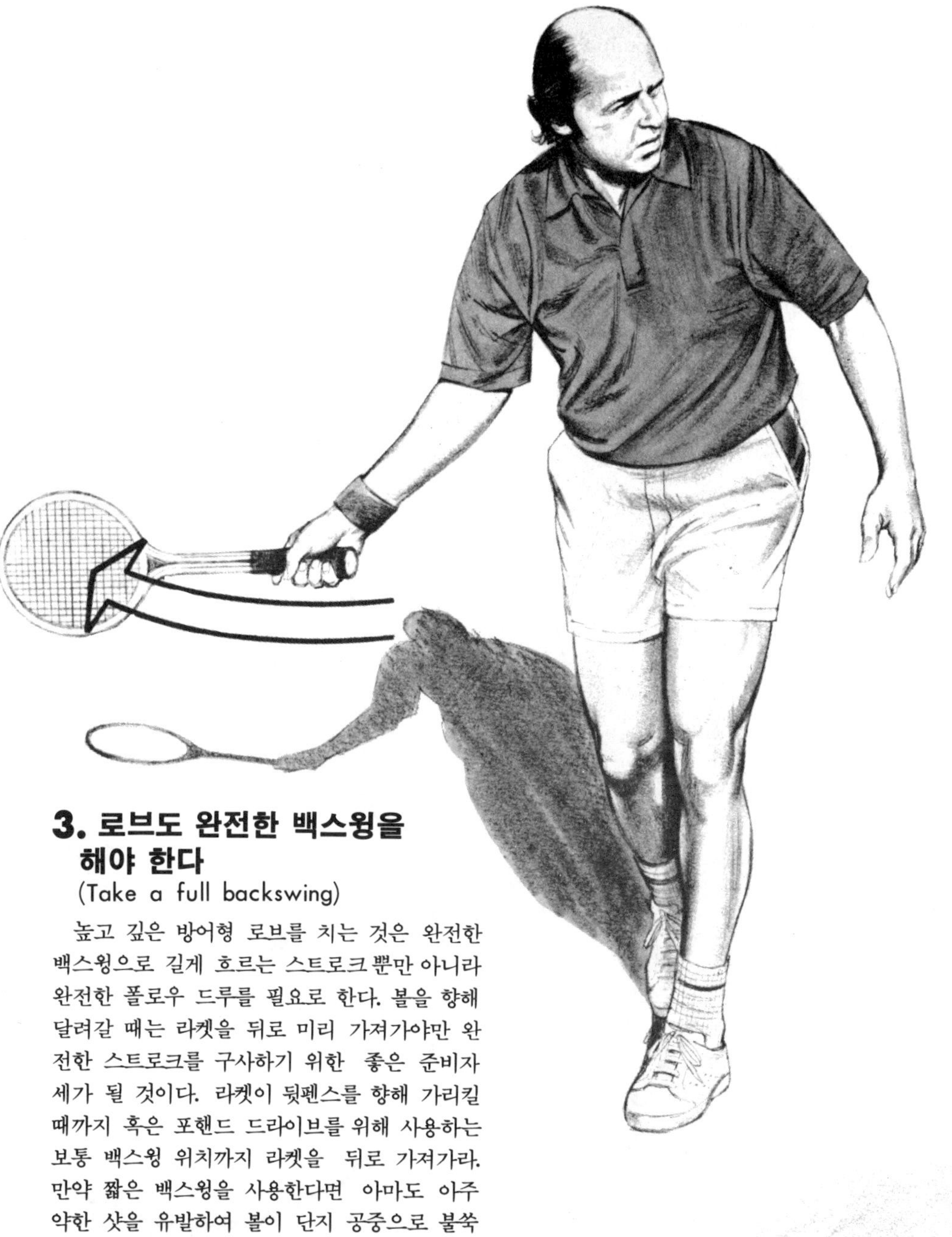

3. 로브도 완전한 백스윙을 해야 한다
(Take a full backswing)

　높고 깊은 방어형 로브를 치는 것은 완전한 백스윙으로 길게 흐르는 스트로크 뿐만 아니라 완전한 폴로우 드루를 필요로 한다. 볼을 향해 달려갈 때는 라켓을 뒤로 미리 가져가야만 완전한 스트로크를 구사하기 위한 좋은 준비자세가 될 것이다. 라켓이 뒷펜스를 향해 가리킬 때까지 혹은 포핸드 드라이브를 위해 사용하는 보통 백스윙 위치까지 라켓을 뒤로 가져가라. 만약 짧은 백스윙을 사용한다면 아마도 아주 약한 샷을 유발하여 볼이 단지 공중으로 불쑥 솟아오르기만 할 뿐 상대를 괴롭히는 샷이 되지 못할 것이다. 완전한 포워드 스윙을 위해서라도 충분한 백스윙을 해야 한다.

4. 볼 밑을 쳐라
(Hit under the ball)

　정석의 수비형 로브라면 공중 높이 올라가야 하고 되도록이면 상대편 코트 깊숙이 떨어져야 한다. 여기서 높이는 당신이 처한 불리한 상황을 회복시켜 줄 것이며(볼이 공중에 높이 비행하는 시간에 정상위치로 돌아올 수 있다), 깊이는 상대의 효과적인 오우버헤드를 어렵게 할 것이다. 그래서 애매한 태도를 취할 필요가 없다. 앞으로 스윙하고 공중으로 볼을 높이 쳐올리기 위해 볼 아래로 라켓을 가져가라. 그리고 그 볼을 공중 뒤편으로 드라이브한다고 생각하라. 상대편이 볼을 쳐다보고 볼에 대하여 생각할 충분한 시간을 가지도록 볼을 아주 높게 보내라. 그가 좋은 반구를 할 시간을 가지건 말건 그 문제에 대해서는 걱정하지 말라. 당신이 친 로브가 거의 수직으로 떨어질 때 좋은 샷을 칠 수 있는 선수는 그다지 많지 않다. 라켓을 볼 아래로 가져가서 공중으로 높은 로브를 구사하라.

5. 고정된 손목을 쳐라
(Use a firm wrist)

방어적인 로브는 손목의 능숙한 스냅을 필요로 하는 강한 샷 동작이다. 그것은 공중으로 보내는 드라이브다. 보통 그라운드 스트로크를 할 때와 똑같이 손목을 단단히 고정시키고 그립을 꼭 쥐어라. 샷을 할 충분한 시간이 없다고 할지라도 볼을 가볍게 침으로써 샷에 여분의 그 무엇을 부가시키려고 하지 말라. 임팩트된 후 계속해서, 그리고 폴로우 드루가 끝날 때까지 손목을 단단히 고정시켜서 볼을 위쪽으로 그리고 바깥쪽으로 연속적인 동작으로 쳐내라. 성공적인 수비형 로브는 코트 전체 길이보다 공중으로 멀리 보내져야 한다는 것을 기억하라. 그리하여 손목을 고정시킨 견고한 그립과 연속적인 스윙 동작으로 볼을 쳐라.

6. 코트 중앙의 깊숙한 지점을 노려라
(Aim down the center)

로브를 공중으로 높이 보내는 일은 그렇게 어렵지 않으나 로브된 볼이 떨어져야 할 지점, 즉 상대편 베이스라인 안쪽 약 2피트 지점에서 강하게 낙하되도록 한다는 것은 쉬운 일이 아니다. 그런데다가 로브는 바람이 조금만 불어도 영향을 많이 받기 때문이다. 그래서 수비형 로브의 낙하지점은 코트 중앙 아래쪽을 목표로 삼는 것이 좋을 것이다. 만약 코너 한 귀퉁이로 보낸다면 사소한 실수에 의해서도 코트 밖으로 볼이 나가 버리는 실수가 흔히 일어난다. 상대편이 어느 위치에 있든지간에 코트의 중앙에 가깝도록 보내되 베이스라인에서 몇 피트 안쪽의 깊숙한 곳에 볼을 보내야 한다.

7. 폴로우 드루를 높게 하라
(Follow-through high)

로브의 충분한 높이를 결정하는 열쇠는 폴로우 드루에 있다. 로브할 때는 볼을 끝까지 밀어치되 가능한 한 보내고자 하는 볼 방향의 비행선을 따라 위쪽으로 폴로우 드루를 하라. 그 스트로크 동작은 라켓이 당신의 정면 높은 곳에 왔을 때 끝나야 한다. 만약 로브를 쳐도 충분한 높이까지 볼이 날지 않는다면 폴로우 드루에 그 이유가 있음을 알고 폴로우 드루를 충분히 하라. 볼은 보통 베이스라인에서 베이스라인을 오가는 일반적인 그라운드 스트로크보다 훨씬 공중 높이 가도록 해야 할 것이다. 따라서 보통 그라운드 스트로크를 칠 때와 마찬가지로 충분한 폴로우 드루가 필요함을 항상 기억하라.

8. 로브를 한 후에는 다시 정위치로 돌아가라
(Get back into position)

　수비형 로브를 하는 이유는 자신에게 불리한 상황, 즉 시간적으로 긴급할 때 시간을 얻는 데 그 목적이 있는 만큼, 스트로크가 끝나면 베이스라인 중앙 뒤쪽 위치에서 다시 좋은 자세를 갖출 여유를 가짐으로써 다음의 공견 기회를 잡을 수 있는 것이다. 그러므로 당신이 친 로브에 찬사를 보내고 그 자리에 계속 서 있을 일이 아니라 그 시간에 상대편의 반구에 대한 준비를 서둘러야 한다. 만약 훌륭한 오우버헤드를 구사하는 상대를 만났다면 찬스는 상대의 것이 되고 말 것이므로 발끝에 힘을 주고 어느 방향이건 움직일 수 있는 준비를 해야 된다. 수비적인 로브는 숨쉴 수 있는 여유를 준 것이다. 그것을 이용하라.

방어적인 로브에 관한 요점

1. 샷을 향해 움직이면서 라켓을 뒤로 가져가라.
2. 볼을 맞힐 때 손목을 단단히 고정시켜라.
3. 볼의 밑을 맞히되 연속적인 타구를 하라.
4. 항상 볼을 주시하라.
5. 볼을 보내고자 하는 방향으로 높은 폴로우 드루를 하라.
6. 샷을 끝낸 후 빨리 좋은 수비 자세로 돌아가라.

1. 공격형 로브의 사용시기
(When to use it)

공격적인
로브의 타법

공격적인 로브는 가능하면 상대를 속여서 상황에 따라 구분하여 사용되어져야 하는 놀랄 만한 무기이다. 공격형 로브를 구사할 가장 적절한 시기는 상대가 네트에 바싹 다가가 있고 당신은 베이스라인 위나 안쪽에서 확고한 위치에 있을 때이다. 그런 상황에서는 공격적인 로브가 패싱 샷에 대한 대안이기도 하고, 상대편을 스쳐도 받지 못할 정도로 볼을 세게 치려고 하는 대신에 상대편 위로 볼을 치는 것이다. 만약 상대가 베이스라인 뒤쪽에 있을 경우에는 공격적인 로브를 시도하지 말라. 왜냐하면 상대편은 아마 뒤에서 다가올 시간은 물론 공중볼을 스매시할 수 있는 시간을 가질 수 있을지도 모르기 때문이다.

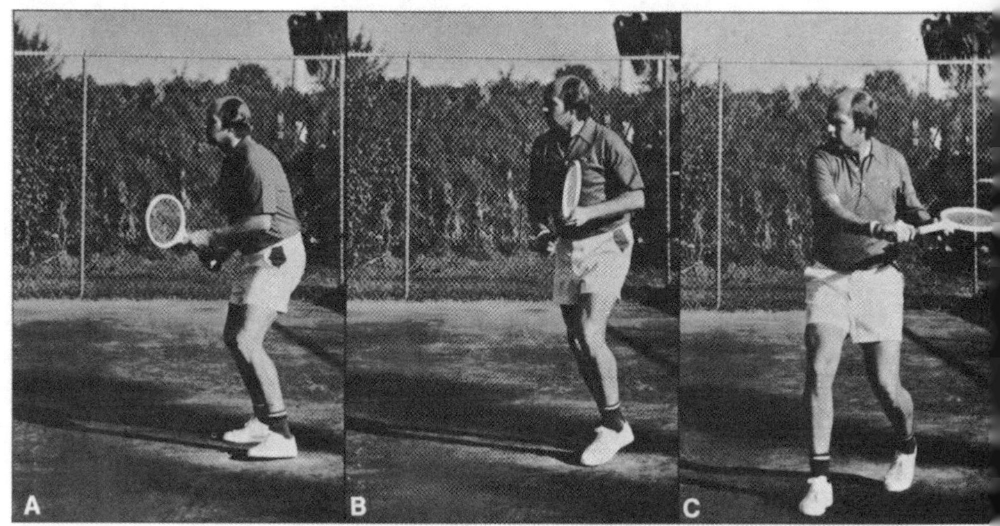

2. 공격적인 샷의 의도를 숨겨라
(Disguise the shot)

공격적인 로브를 성공시키기 위해서 볼이 라켓을 떠날 때까지 무슨 일이 일어날 것인가에 대하여 상대가 어떠한 암시를 받지 않도록 해야 한다. 그렇지 않으면 상대가 당신의 공격적인 로브에 대한 자세를 갖추기 위해서 후퇴를 시작할 것이다. 그래서 준비와 스트로크를 위해 앞으로 스윙하는 모습은 포핸드나 백핸드 그라운드 스트로크의 경우에 사용하는 것과 똑같이 해야 눈치를 채지 못한다. 또한 공격적인 로브는 라켓이 볼에 강하게 터치되어야 하지만 그것은 원래 부드러운 스트로크가 아님을 기억하라. 물론 공격적인 로브는 볼을 연속적으로 쳐내야만 할 것이다. 그래서 다른 그라운드 스트로크의 경우와 똑같은 백스윙을 취하되 스트로크를 하기 전에 로브를 칠 것인가를 결정하라.

3. 볼을 주시하라
(Watch the ball)

　대부분 주말에 테니스를 즐기는 아마추어 선수들에게는 공격적인 로브는 결코 쉬운 샷이 아니다. 그것은 볼에 라켓이 임팩트되는 순간 주의집중과 특별한 관심을 요구한다. 그래서 볼에서 시선을 잃는 것은 곧 그 샷에 대한 실패를 의미한다. 방어적인 로브에 대해서도 언급했듯이 여기서도 마찬가지다. 상대편이 네트에서 위협을 주는 것에 관하여는 잊어버리고 임팩트 전과 중간, 후에 볼을 주시하는 데 주의를 집중하라. 그러면 승자가 될 수 있는 좋은 샷을 구사할 수 있을 것이다.

4. 고정된 손목을 잘 이용하라
(Use a firm wrist)

　볼이 고리모양을 그리면서 상대편을 훨씬 넘어가도록 하기 위해서는 공격적인 로브에도 볼을 끝까지 연속적으로 쳐내야 한다. 그것은 스트로크시 계속 손목을 단단히 고정시켜야 함을 의미한다. 만약 손목이 단단히 고정되어 있지 않으면 네트에서 상대편이 쉽게 받아칠 수 있고 스매시하기 쉬운 공중에 뜬 약한 볼을 치고 말 것이다. 특히 임팩트와 폴로우 드루할 때 손목과 그립을 단단히 고정시켜 구사하라. 볼이 상대의 뻗은 라켓 높이를 넘을 수 있도록 확실하고, 견고한 스트로크가 되어야 한다. 물론 베이스라인 밖으로 날아가 버릴 정도로 지나치게 강한 스트로크를 구사할 필요는 없다.

5. 볼을 올려쳐라
(Lift the ball)

공격적인 로브의 성패는 임팩트의 순간 동작에 달려 있다. 라켓면이 볼의 밑부분 뒤에서 접촉해야 되고 공중으로 올려쳐져야 한다. 라켓면을 너무 많이 뒤로 기울이지 말라. 패싱 샷의 경우와 거의 같은 수준으로 치는 대신 상대 선수의 라켓을 살짝 넘어갈 정도로만 볼을 위쪽으로 쳐야 한다. 볼을 보내고자 하는 방향으로 연속적인 견고한 스윙을 하라. 당신은 상대편에게 무슨 일이 일어나는가를 알기 전에 샷이 상대편 머리 위로 넘어가는 일만 기대하라.

6. 충분한 폴로우 드루를 하라
(Follow-through fully)

가능한 한 단단한 폴로우 드루를 하고 다른
샷의 경우와 같이 라켓을 중간에 멈추지 말고
충분한 폴로우 드루를 하라. 그리고 가능한 한
상대편의 왼쪽 방향으로 로브를 보내라. 만약
당신의 공격적인 로브가 확실한 것이 못되더라
도 상대가 오우버헤드를 시도할 때 상대의 백
핸드 쪽으로 볼을 보내는 것이 상대에게 불리
하기 때문이다.

공격적인 로브에 관한 요점

1. 볼에서 시선을 잃지 말라.
2. 그라운드 스트로크 할 때와 똑같은 준비자세를 취하라.
3. 손목과 그립을 단단히 고정시켜라.
4. 볼의 밑부분을 맞추어 쳐올려라.
5. 완전한 폴로우 드루를 하라.

ADVANCED STROKES
전진 스트로크

전진 스트로크로
당신의 게임을 살려라

만약 당신이 기본적인 스트로크와 전략으로 균형 있고 원만한 경기를 전개할 수 있다면 여기에 더 부가할 것은 샷의 종류에 있어서 그 다양성과 세련미가 바로 그것이다. 어프로우치 샷(approach shot), 드롭 샷(drop shot), 톱스핀 로브(topspin lob) 및 로브 발리(lob volley)와 같은 수준 높은 스트로크는 게임을 새로운 수준으로 향상시켜 주는 데 큰 도움을 줄 것이다.

그러나 조심해야 할 것은 이러한 샷은 보기와는 달리 그렇게 간단하지만은 않다는 사실이다. 시합에서의 활용을 위해서는 많은 노력이 필요하다. 이러한 고급기술을 구사한다는 것은 기본적인 스트로크만으로 시합에 임하는 것보다 더 좋지 않은 경기 결과를 낳을 수도 있다.

이러한 수준 높은 스트로크는 자신의 경기의 주도권을 잡고 있을 때와 적절한 조건과 상황에서만 구사해야 할, 성공률이 낮은 어려운 샷이다. 아직 그러한 타법을 완벽하게 구사하려면 상당한 노력이 필요하다.

어프로우치 샷의 타법

어프로우치 샷은 일종의 혼성동작으로 이루어진 스트로크이다. 즉 백핸드 발리나 로브처럼 특수하고 명확한 샷은 아니며 백코트에서 네트로 접근하기 위한 목적으로 가능한 한 여러 가지 스트로크를 사용하게 된다. 이리하여 어프로우치 샷은 베이스라인과 서어비스라인 사이에서 네트 가까이 적당한 발리의 위치로 나아갈 때 치는 샷이다. 그러나 어프로우치 샷은 변형된 그라운드 스트로크로서는 가장 좋은 타구동작일 것이다.

■지도/로이 에머슨

1. 백스윙을 짧게 하라
(Shorten your backswing)

　상대편이 베이스라인보다 서어비스라인 쪽에 바운드 되는 짧은 볼을 쳤을 때 네트로 전진할 기회가 올 것이다. 상대가 친 볼이 짧다고 판단하는 순간 평소 다른 스트로크처럼(사진 A,B,C) 라켓을 뒤로 가져가면서 코트로 대시하라(사진 A). 로이 에머슨(Roy Emerson)이 여기에 보이는 시범과 같이 보통 포핸드나 백핸드의 경우와 같은 방법으로 준비하라. 그러나 코트 전체 길이만큼 긴 볼을 칠 것이 아니므로 완전한 백스윙은 할 필요가 없다. 사실상 어프로우치 샷에 있어서 힘보다는 정확성과 끈기가 더 중요하다. 목적은 상대편의 약점을 향해 볼을 깊이 보내는 데 있다. 네트에 접근했을 때 발리로 점수를 딸 수 있는 상황을 만드는 것이다. 그래서 어프로우치 샷은 그 자체로 포인트를 얻으려는 것이 아니다(어프로우치 샷으로는 좀처럼 점수를 딸 수 없다). 그러니 그것은 상대편이 쉽게 반구할 수 없는 견고한 샷이 될 때 당신이 발리로 결정타를 가할 수 있는 상황이 전개될 것이다.

2. 평소 숙련된 쉬운 샷으로 임하라
(Keep it simple)

어프로우치 샷으로 사용하는 가장 좋은 스트로크는 평소에 자신이 잘 치는 샷이다. 만약 보통 플랫 백핸드나 포핸드를 치면 어프로우치 때에도 그렇게 하라. 만약 보통 그라운드 스트로크를 슬라이스로 한다면, 어프로우치 샷의 경우에 약간의 슬라이스를 가하라. 그것은 볼을 낮게 보내는 좋은 방편이 된다. 몇몇 우수한 프로 선수들은 코트 위의 어느 곳에서나 톱스핀 어프로우치 샷(top-spin approach Shot)을 칠 수 있다. 그러나 보통 선수들에게는 희망일 뿐 어려움이 따른다. 단순하게 생각하라. 볼에 접근할 때 볼의 낙하지점을 향하며 옆으로 몸이 회전하는 것을 확인하여 체중을 샷에 옮길 수 있도록 한 순간 멈추었다가 잘 조정된 부드러운 동작으로 쳐야 하고, 만약 연속적으로 밀어치려면 볼 쪽으로 자세를 약간 낮추어라. 네트에 접근하려고 할 때 여러 가지로 많은 부담스러운 요인이 있다. 그래서 상대가 받기 어려운 날카롭고 수준 높은 샷을 구사할 시간적인 여유가 없으므로 단지 평소 자신이 가장 자신 있는 샷을 구사하라.

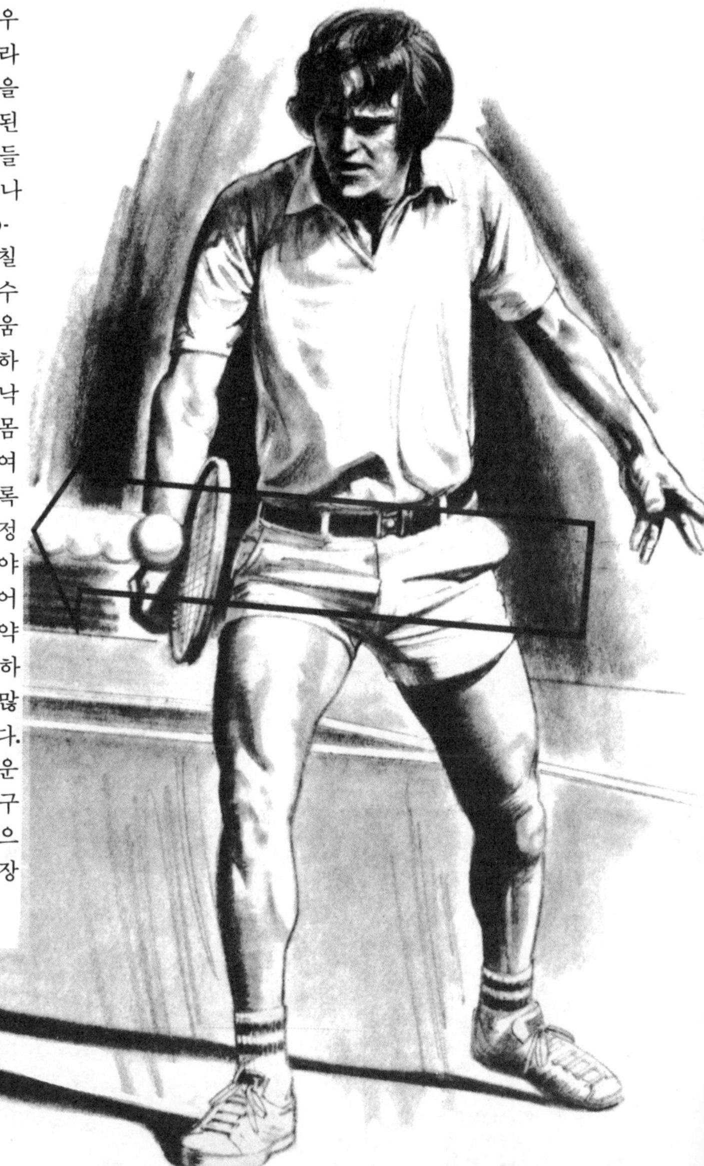

3. 볼을 보내고자 하는 방향으로 폴로우 드루하라
(Follow-through for direction)

성공적인 어프로우치 샷의 결정적인 열쇠는 타구의 위치 선정이다. 상대편이 베이스 라인 뒤쪽에 있다면 반구해 올 때 비교적 빨리 기회를 쉽게 포착할 수 있도록 상대편의 약한 쪽으로 깊숙한 어프로우치 샷을 해야 한다. 가능하면 라켓과 볼의 접촉 시간을 길게 하고(사진 G), 볼을 보내고자 하는 방향으로 폴로우 드루해야 한다(사진 H, I). 보통 그라운드 스트로크와 같이 완전한 폴로우 드루를 하라. 그러나 몸을 너무 빨리 회전하지 말라. 그러면 예리한 각이 생겨 볼이 코트를 가로질러 사이드라인 밖으로 아웃되는 경우가 속출한다. 물론 라켓을 떠나가는 볼을 바라보면서 다시 한번 네트를 향해 대시하기 위하여 라켓은 몸의 반대편에서 움직임이 끝나야 한다(사진 J). 체중을 앞으로 이동시키므로써 그 탄력을 네트로 향하는 대시동작으로 연결할 수 있다(사진 K, L).

4. 상대의 반구 각도를 줄일 수 있는 위치로 들어가라
(Move to cover the angle)

어프로우치 샷을 끝낼 때 서어비스라인과 네트의 중간쯤에서 이상적인 발리 위치로 움직여라. 만약 어프로우치 샷을 코트의 중앙 아래쪽에서 친다면 가장 좋은 발리 위치는 서어비스라인 중앙쯤이 될 것이다. 그러나 어프로우치 샷을 양코너 깊숙한 곳으로 보낸다면 상대가 반구할 각도를 줄이기 위해서는 중앙에서 약간 벗어나야 한다. 예를 들어 만약 상대의 백핸드 코너로 깊숙이 친다면(오른손잡이로 가정할 때) 센터라인 오른쪽으로 자리를 약간 이동하라. 그렇게 할 경우 상대가 볼을 보내고자 하는 목표의 중간 지점에 위치하게 될 것이다. 결과적으로 가장 적게 움직이고도 상대의 반구를 막을 수 있는 위치를 선정해야 한다는 것을 의미한다.

어프로우치 샷에 대한 요점

1. 특히 볼을 치러 갈 때 볼에 시선을 고정시켜라.
2. 라켓은 뒤로 빨리 가져가고 일반적인 그라운드 스트로크보다는 백스윙을 짧게 하라.
3. 가능한 한 지면에서 튀어오르는 볼을 치되 되도록 빨리 쳐라.
4. 볼이 낮을 경우에는 자세를 낮추어라.
5. 상대편의 스크로크가 약한 쪽으로 깊숙한 샷을 구사하라.

드롭 샷의 타법

　드롭 샷(drop shot)은 상대를 속이는 것으로서 쉬워 보이는 스트로크다. 그러나 결코 쉬운 샷이 아니다. 사실상 빈번히 실수 없는 드롭 샷을 구사하려면 많은 연습을 필요로 한다.

　드롭 샷을 할 때는 평범한 그라운드 스트로크를 하는 것처럼 하다가 마지막 순간에 네트 위를 넘어가서 상대 선수가 도달하기 전에 볼의 속도가 없어져 버리도록 스윙을 천천히, 그리고 볼을 부드럽게 긁어쳐라(아래를 보라).

　잘 구사한다면 드롭 샷은 종종 당신을 승자로 만들어 줄 효과적인 샷이 될 것이다. 반대로 잘못 구사한다면 네트에 걸려서 떨어지거나 상대에게 오히려 결정타를 허용하고 말 것이다. 기초적인 스트로크가 숙달되고 볼의 조정력에 대하여 당신 스스로 신뢰할 수 있는 단계에 왔을 때, 한두 번 실수의 여지를 무릅쓰고 드롭 샷을 시도할 때, 점차적으로 완벽한 기술을 습득하게 된다.

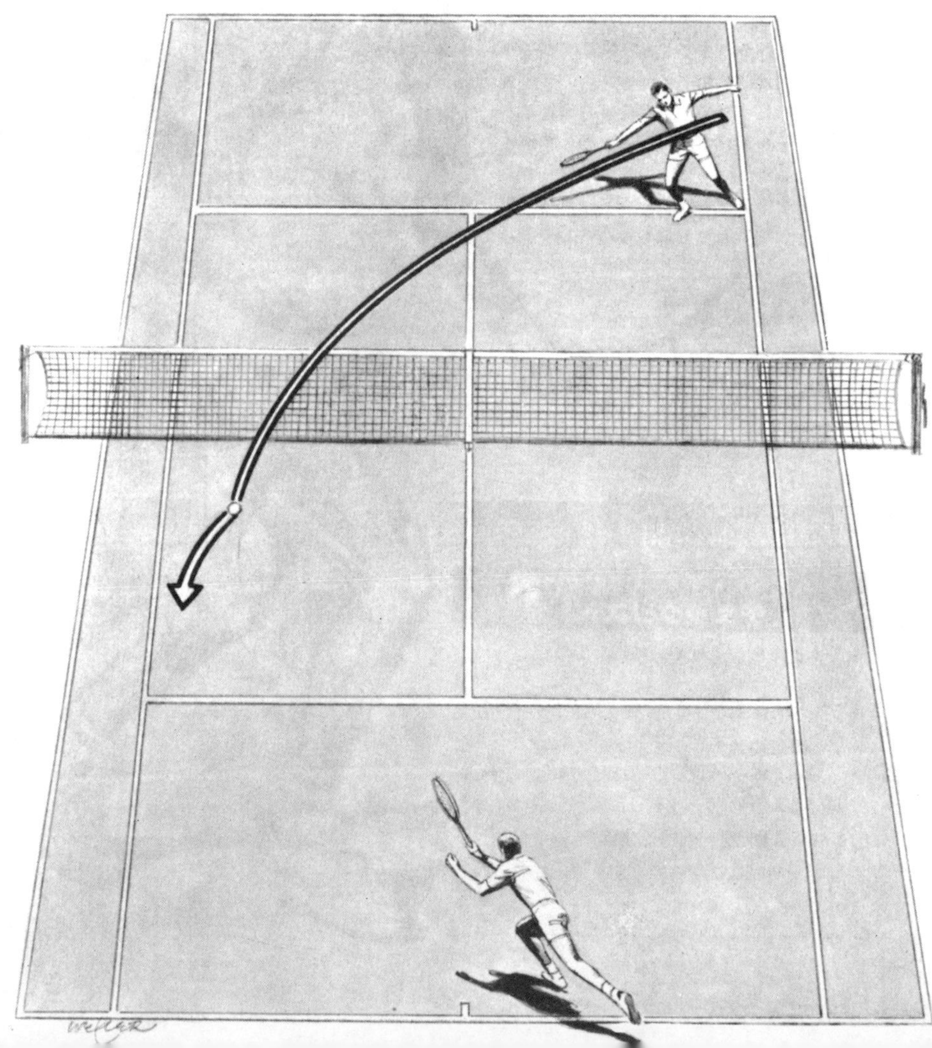

1. 한쪽을 택하여 개발하라
(Pick your side)

훌륭한 선수들은 비록 포핸드 뿐만 아니라 백핸드 쪽에서 드롭 샷을 칠 수 있어야 하지만 대부분은 어느 한쪽을 잘 다듬어야 한다. 예를 들면 아래 일련의 사진에 나타난 바와 같이 빅 세이사스는 백핸드 쪽의 드롭 샷을 좋아한다. 왜냐하면 그는 좋은 언더스핀 백핸드(underspin backhand)를 갖고 있기 때문이다. 볼에 순간적으로 속력을 줄이기 위해서는 언더스핀을 구사하는 것이 좋다. 이리하여 세이사스는 평소 일반적인 스트로크와 똑같은 준비자세를 취하여 드롭 샷을 시도하므로써 자신이 드롭 샷을 구사하리라는 것을 상대가 간파하지 못하게 한다. 그러나 만약 훌륭한 언더스핀 포핸드를 갖고 있다면 그쪽으로 드롭 샷을 시도하라. 포핸드 드롭 샷은 이 책에서는 시범을 보이고 있지 않으나 원리는 똑같다.

2. 유리한 위치에서 시도하라
(Be in the right position)

만약 당신이 베이스라인보다 앞쪽에 있지 않을 때에는 드롭 샷을 사용하지 않는 것이 좋다. 상대를 계속 뒤쪽에 머무르도록, 깊은 어프로우치 샷을 해야 할 곳이라면 당신은 코트 위에서 공격적인 위치에 있게 된다. 바꾸어 말하면 네트를 계속 점령하거나 네트를 살짝 넘어가는 드롭 샷을 구사할 경우, 상대는 효과적인 반구를 가할 시간적인 여유가 충분하지 않을 것이란 말이다. 따라서 드롭 샷은 자기가 공격적인 위치에 있을 때 시도할 것이며 베이스라인 근처에서는 드롭 샷을 시도해서는 안 된다. 드롭 샷은 비교적 볼의 속도가 느려서 상대방이 달려와서 반구할 수 있는 시간이 충분하기 때문이다. 그래서 깊숙한 어프로우치 샷이나 드롭 샷에 대한 선택의 여지가 있도록 상대의 샷이 짧게 떨어질 때 시도하라.

3. 상대를 속여라
(Prepare with deception)

드롭 샷을 칠 때 상대 선수가 당신이 드롭 샷을 구사하리란 것을 눈치채고 들어올 수 없도록 가능하면 그것을 속여야 한다. 백스윙과 포워드스윙은 슬라이스 포핸드나 백핸드를 칠 때 사용하는 것과 같이 정확하게 보이도록 하고, 볼의 낙하지점 위로 라켓을 일직선으로 가져가라. 드롭 샷은 긴 백스윙을 필요로 하지는 않지만 상대편에게 깊게 치려는 인상을 주어야 한다. 크로스(Cross)든 스트레이트(Straight)성 타구건 상대가 눈치챌 수 없도록 해야만 한다. 드롭 샷이 놀라운 무기라는 것을 기억하라. 그래서 상대 선수가 계속 생각하고 불안해 하는 상황에 따라 적절히 드롭 샷을 사용하라.

4. 앞쪽으로 움직여라
(Move forward)

상대 선수가 드롭 샷을 치기에 적당한 짧은 종류의 볼로 칠 때, 아마도 당신은 볼을 잡기 위해 앞으로 이동해야 할 것이다. 드롭 샷이 어떤 힘을 필요로 하지는 않지만 상대 코트 깊숙이 볼을 보내려는 샷과 같이 샷을 위하여 걸음을 앞으로 내디뎌라. 그렇게 하면 상대 선수는 당신이 깊숙한 어프로우치 샷을 구사할 의도가 있는 것으로 판단하여 베이스라인 뒤쪽에 머물러 있어야 한다고 생각할 것이다. 열린 라켓면으로 샷을 하는데 발걸음을 내딛는 것과 같이 라켓을 앞으로 그리고 아래로 가지고 오라. 그리고 부드럽게 볼을 쳐라.

5. 볼을 끝까지 보라
(Watch the ball)

드롭 샷은 그라운드 스트로크보다 볼에 대하여 훨씬 더 예리한 감각을 요구한다. 그런데 드롭 샷을 치는 데 있어서 볼에 대한 느낌이 가장 중요한 요소이긴 하지만 라켓에 볼을 바로 맞출 수 없다면 그러한 느낌이 아무 소용이 없다. 이리하여 라켓줄 부분의 중앙에서 볼을 칠 수 있도록 가까이서 볼을 주시해야 한다. 만약 임팩트 순간까지 볼 수 있다면 더욱 좋다. 경우에 따라서는 볼을 맞힐 때 볼에 대하여 정신적으로 어떠한 이미지를 가져야 한다.

6. 볼을 어르듯이 쳐라
(Caress the ball)

　드롭 샷을 치는 비결의 핵심은 라켓을 갑작스런 동작으로 움직이지 않고 볼이 너무 높이 날거나 상대편 코트로 너무 멀리 가지 않도록 볼의 속도를 빼는 일이다. 볼을 치려고 할 때 라켓면이 볼의 뒤와 밑부분을 약간 어를 수 있도록 열어라(삽화). 그것은 마치 볼을 거의 라켓면 위에 놓으려고 하는 것처럼 보인다. 접촉할 때 라켓면은 아래쪽으로 그리고 앞쪽으로 나아가는 길에서 움직여야 하고, 그러므로써 볼은 자동적으로 약간의 언더스핀이 걸린다. 그렇게 하므로써 볼을 조절하고 볼이 상대 선수의 코트에 떨어질 때 상대쪽으로 바운드하는 것을 줄여 주는 데 도움을 준다. 볼을 보내고자 하는 방향으로 폴로우 드루하는 것을 잊지 말라. 만약 좋은 슬라이스 서어브를 칠 수 있다면 라켓의 헤드 부분이 볼의 옆 주위를 움직이는 데 대한 느낌을 이미 갖고 있다. 볼의 뒤와 아랫부분을 좀더 부드럽고 어르는 듯한 드롭 샷의 동작으로 그 느낌을 옮겨갈 수 있는지를 생각해 보라.

7. 상대의 반구에 대비하라
(Get ready for the return)

　드롭 샷은 비교적 성공률이 낮은 스트로크이기 때문에 단지 서서 손동작으로만 끝내려는 생각을 버려라. 만약 볼을 의도했던 것보다 좀더 강하게, 혹은 길게 쳤을 때 상대선수는 달려와서 좋은 반구를 할 시간을 갖게 된다. 사실상 많은 경험이 있는 선수들은 상대의 드롭 샷을 다시 드롭 샷으로 응수하기도 한다. 그러므로 드롭 샷이 끝나면 네트 더 가까이 이동하거나 또는 빨리 더 깊은 샷에 대비할 준비자세를 취해야 한다. 물론 여러 가지 기반으로 훌륭한 드롭 샷을 친다면 상대방은 제시간에 볼에 접근하지 못할 것이고 그래서 친 사람은 점수를 쉽게 얻을 것이다.

드롭 샷에 대한 요점

1. 볼을 주시하라.
2. 드롭 샷은 자신이 베이스라인보다 앞쪽에 있을 때만 시도하라.
3. 준비는 언더스핀 그라운드 스트로크의 경우와 같이 하라.
4. 볼의 속도를 줄이기 위해 볼을 어르듯이 임팩트시켜라.
5. 볼을 보내고자 하는 방향으로 폴로우 드루를 하라.
6. 볼을 치고 난 후 빨리 상대의 리턴에 대비하라.

하프 발리의 타법

하프 발리를 하고 싶어하는 선수들은 거의 없다. 그것은 서어비스라인과 베이스라인 즉, 당신이 테니스 코트의 위치상 가장 불리한 위치에 있을 때 당신의 발쪽으로 떨어지는 볼을 처리하는 어렵고 미묘한 스트로크이다.

이상적인 그라운드 스트로크라면 좀더 늦거나, 적당한 발리라면 약간 일찍 볼을 치면 좋을 것이다. 하지만 볼이 바운드된 바로 직후 발리도, 그라운드 스트로크도 아닌 스트로크를 지면 가까이에서 쳐야 한다. 이것이 곧 하프 발리(half-vol-ley)다.

1. 하프 발리를 해야 할 시기
(When you must half-volley)

 본질적으로 하프 발리란 당신이 상대에게 강요되어 어쩔 수 없이 하는 샷이다. 아마 서어브를 넣고 난 후 네트로 향하여 전진하지만 당신이 네트를 점령하기 전에 상대의 빠른 리턴볼이 날아오는 경우가 있을 것이다. 그것을 깨달았을 때 전진을 멈추고 하프 발리를 할 준비를 하라.

 하프 발리는 포핸드나 백핸드나 모두 똑같이 어려운 샷이다. 그러나 이 페이지에서 다음 페이지까지 계속되는 로이 에머슨(Roy Emerson)의 시범과 같이 포핸드 쪽에서 하프 발리를 치는 것이 훨씬 더 안전하다.

 어느 경우나 볼을 늦게 치지 않도록 타이밍을 맞추는 데 특별한 주의를 기울일 필요가 있으므로 볼을 주의 깊게 주시하라. 볼이 치는 사람의 정면에서 바운드 되어 앞무릎 바로 정면에서 임팩트될 수 있도록 여유 있게 일찍 멈추어라. 그렇게 하므로써 볼을 잘 바라볼 수 있고 볼을 라켓에서 오랫 동안 머무르게 할 수 있다.

2. 몸을 옆으로 돌려라
(Turn your body sideways)

상대의 볼이 하트 발리로 처리되어야 할 성질의 것이라고 결정을 내리면 곧 양어깨가 다가오는 볼의 비행선과 거의 평행이 되도록 상체를 돌리기 시작하라. 이 상체회전은 여러 가지 측면에서 도움을 줄 것이다. 첫째, 자동적으로 라켓의 백스윙을 유도한다. 하프 발리는 보통 그라운드 스트로크 경우의 긴 백스윙을 필요로 하지는 않지만 준비할 충분한 시간이 없다. 그러므로 백스윙을 빨리 해야 하므로 이 점에서 도움이 된다. 둘째, 상체회전은 볼을 칠 때 전방으로 이동할 수 있도록 체중을 뒷발에 있게 하는데 도움이 된다. 그리고 세째, 만약 볼의 낙하지점 쪽 옆으로 회전한다면 하프 발리를 해야 할 때 볼을 향해 자세를 낮추기가 쉬워진다는 점에서 도움이 될 것이다.

3. 낮은 자세를 취하라
(Get down for the shot)

　진정한 하프 발리는 볼이 바운드된 후 즉각 라켓에 맞추어 질 수 있도록 라켓을 지면 가까이 가져간 상태에서 샷이 이루어져야 한다. 그것은 몸과 무릎을 구부림으로써 볼에 대한 자세를 낮추어야 한다는 것을 의미한다. 라켓을 뒤로 가져갈 때 무릎을 굽히기 시작해서 앞으로 스윙할 때 아래쪽으로 자세를 낮춘 상태를 유지하라. 에머슨의 뒷무릎이 가까스로 지면에 거의 닿을듯 굽혀진 것을 주의력 있게 보라. 처음 할 때는 무릎관절이 삐꺽거리는 소리를 들을 수 있을 정도로 불편한 동작일지는 몰라도 자세를 낮추는 유일한 방법은 이 길 뿐이다.

　라켓이 볼에 접근할 때 라켓 손잡이를 실질적으로 땅과 평행하게 되도록 아래로 낮추어야 한다. 만약 자세를 충분히 아래로 낮추지 못하면 손보다 라켓의 머리 부분이 훨씬 더 낮을 것이며 그렇게 되면 네트 위로 뒤쪽 깊숙하게 가는 낮은 볼을 치는 것 대신에 볼을 위로 퍼올리는 결과가 되어 버릴 것이다. 손목을 낮추고 정확히 퍼올려진 볼은 네트 위로 매력 있게 비행할 것이며 몸을 굽힌 상태에서는 목보다 아래쪽에서 날아가는 훌륭한 샷을 구사할 수 있는 자세를 갖출 수 있게 될 것이다.

4. 라켓에 볼이 오래 머물게 하라
(Keep the ball on your racquet)

　손목을 단단히 고정시키고 라켓면을 지면과 적절한 각도로 유지시켜 하프 발리를 쳐라. 앞발 바로 앞에서 접촉하도록 해야 한다. 약간 위쪽으로 향하는 동작으로 라켓을 앞으로 가져오고(볼이 상승해서 네트 위로 가야 함을 염두에 두라), 가능한 한 볼을 라켓에 오랫 동안 머물도록 하라. 라켓의 줄 위에 볼을 오랫 동안 머물게 하면 할수록 조정력이 훨씬 더 높아진다. 만약 상대 선수가 발리를 위해 달려 들어올 때는 볼을 네트 위로 비교적 낮게 보내도록 하라.

　라켓을 볼 뒤쪽에서 위로 가지고 올라가는 바스켓(basket)이라고 생각해도 좋을 것이다. 바스켓 안에 있는 볼을 잡아서 그 볼을 퍼올리는 동작이 아니라 단단하게 밀어낸다고 생각하면서 네트 위로 뻗어나가게 하라. 또한 하프 발리를 슬라이스로 하고 싶은 유혹은 물리쳐야 한다. 슬라이스로 처리하면 볼이 라켓에서 순간적으로 약해질 것이고, 네트를 넘기기조차도 어려워질 것이다.

5. 네트 위로 볼을 밀어 쳐올려라
(Lift the ball over the net)

볼을 칠 때, 자세는 계속 낮게 유지하고 라켓은 약간 상향 정면으로 계속 유지시켜라. 라켓면이 거의 수직상태에서 라켓이 약간만 상향으로 움직이도록 하면 네트 위로 볼을 보내는 동작으로서는 충분할 것이다. 만약 라켓면이 너무 뒤로 기울거나 볼을 칠 때 몸을 일으킨다면 볼이 네트 위로 너무 높이 날아가 상대 선수에게 완전한 샷의 기회를 제공해 주는 결과가 될 것이다. 하프 발리를 위한 스윙은 그라운드 스트로크에 사용되는 것보다도 훨씬 짧아야 하지만, 폴로우 드루를 단축시켜야 할 이유는 없다. 가능하면 오랫 동안 볼을 계속 칠 수 있도록 폴로우 드루는 낮은 하프 발리 위치에서도 완벽하게 해 주어야 한다.

하프 발리에 관한 요점

1. 볼을 주시하라.
2. 비교적 짧은 백스윙을 하라.
3. 볼에 대한 자세를 낮추고, 샷을 칠 때 낮은 자세 그대로를 유지시켜라.
4. 라켓면은 볼과 접촉할 때 거의 편편하게 하라.

드롭과 로브 발리로 경기에 변화를 주어라

만약 보통 발리에 자신이 있는 정상적인 네트 플레이어형의 선수라면 드롭 발리와 로브 발리를 터득하게 될 때 그의 경기력은 새로운 차원을 맞게 될 것이다. 그러나 이러한 동작은 쉬운 샷은 아니다. 일관성 있게 샷을 처리하는 훌륭한 라켓의 조절로 상당히 숙달된 선수이어야 한다. 그러나 로브 발리나 드롭 발리의 기술을 체득하므로써 상대 선수를 놀라게 해 줄

멋진 무기를 갖게 되는 셈이다. 그러나 너무 자주 사용하지 말고 적절한 시기에 한번씩 사용하면 완벽하게 점수와 연결시킬 수 있다.

드롭 발리는 볼이 바운드 되기 전에 치는 네트 플레이어들의 변형된 드롭 샷이다. 단식이나 복식경기에서 상대가 베이스라인 뒤쪽에 있을 때 이용된다. 적당하게 쳐라. 절묘한 드롭 발리는 네트를 넘었을 때 한 번 빠르게 떨어진 후 상대방이 볼에 도달하기 전에 두 번 이상 바운드하고 있을 것이다.

반면에 로브 발리는 상대 선수가 네트에 있을 때 사용되어진다. 그것은 라켓을 든 상대 선수의 키를 넘겨 버리는 공격적인 샷인데, 추적하여 반구하기 어렵도록 깊숙하게 보내지는 샷이 되어야 한다.

드롭 발리의 타법

의도를 표출하지 말라
(Disguise the shot)

　드롭 발리는 정상적인 드롭 샷의 타구요령과 비슷하다. 그러나 드롭 발리의 의도를 표출시키지 말라. 그것이 정규적인 언더스핀 발리(underspin volley)처럼　보이도록 한 다음 순간적으로 속력을 빼어 버려라. 그렇게 해야 네트를 넘어간 후 빨리 떨어진다.

　이때 백스윙은 언더스핀 발리를 구사할 때와 같이 짧게 하라(사진 A,B). 볼이 접근해 올 때(사진 C,D) 팔을 뻗어서 몸 정면에서 잘 맞추어라(사진 E). 라켓줄 위에 볼을 받는다고 생각하고(맞은편 페이지를 보라), 네트 위로 볼을 되돌려 보내라(사진 F). 그러고 나서 폴로우 드루가 거의 없도록 하여 라켓을 멈추어라(사진 G,H).

볼을 잡듯이 쳐라
(Catch the ball)

　드롭 발리는 라켓에 볼이 맞을 때의 정교한 순간적인 터치(touch) 감각이 요구된다. 오는 볼의 속력을 없애 버려야 네트를 넘어가자마자 낙하할 것이다. 그렇지 못하면 네트에 걸리거나 상대방 코트로 멀리 날아가 도리어 상대에게 강타의 기회를 제공해 주는 결과가 될 것이다.

　비결은 라켓면에 볼을 잡으려는 것처럼 하는 것이다. 이때 네트를 깨끗하게 넘어갈 충분한 운동량을 볼에 주기 위해 라켓을 앞으로 움직이되 라켓면은 볼의 밑부분에 접촉되어져야 한다(삽화를 보라). 부드럽기는 하지만 의도한 방향으로 견고하게 밀어쳐야 한다.

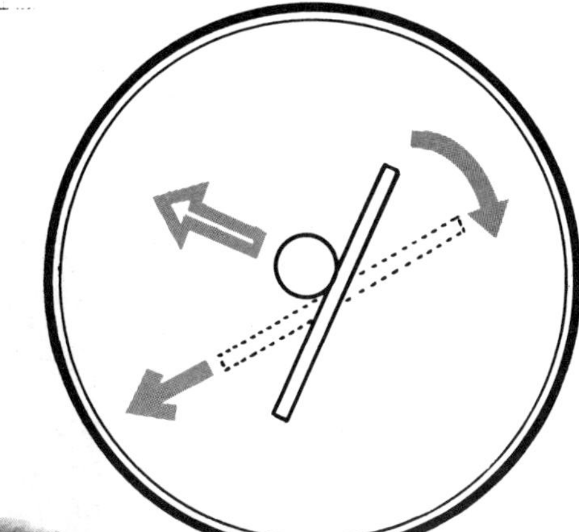

드롭 발리에 관한 요점

1. 언더스핀 발리의 경우와 꼭같은 준비로 상대가 눈치채지 못하게 하라.

2. 라켓으로 볼을 잡는 듯한 동작으로 볼의 속도를 줄여라.

3. 네트를 깨끗이 넘을 수 있을 만큼 볼을 부드럽게 터치하되 밀어넣는 다는 기분으로 하라.

4. 폴로우 드루는 아주 짧게 하라.

로브 발리의 타법

낮은 볼은 쳐올려라 (Hit off low balls)

로브 발리는 당신과 상대가 서로 네트에 접근해 있고 비교적 낮은 볼을 되돌려 보내야 할 상황에 처했을 때 사용하는 샷이다(네트 높이 바로 위에서 볼을 만났을 때는 로브 발리를 시도하지 말라).

보통 낮은 발리의 경우와 같이 로브 발리에 대한 준비를 하라 (사진 A, B). 볼을 자신의 정면에서 비껴 만나고(사진 C, D), 공중으로 견고하게 볼을 쳐올려라(사진 D, E). 그리고 볼을 보내고자 하는 방향으로 폴로우 드루를 하라(사진 F, G, H). 긴 폴로우 드루는 필요로 하지 않지만 상대 선수가 반구를 하려고 할 때는 빨리 정위치로 돌아가라.

재빨리 볼을 들어 쳐올려라
(Life the ball quickly)

보통 발리를 칠 때보다는 약하게 발리를 하라. 만약 볼을 너무 강하게 친다면 아마도 그것은 베이스라인 너머로 날아가 버릴 것이다. 반대로 너무 부드럽게 친다면 상대 선수가 자세를 가다듬어 당신에게 스매시를 해 버릴 것이다.

접촉시 라켓면을 뒤로 기울임으로써 공중의 볼을 재빨리 들어올릴 수 있도록 하고 움직이는 그 면으로 적당한 폴로우 드루를 하라(삽화를 보라). 순간적인 동작으로 쳐올리는 것보다도 밀어 쳐올린다는 기분으로 한다면 정확하고 효과적일 것이다.

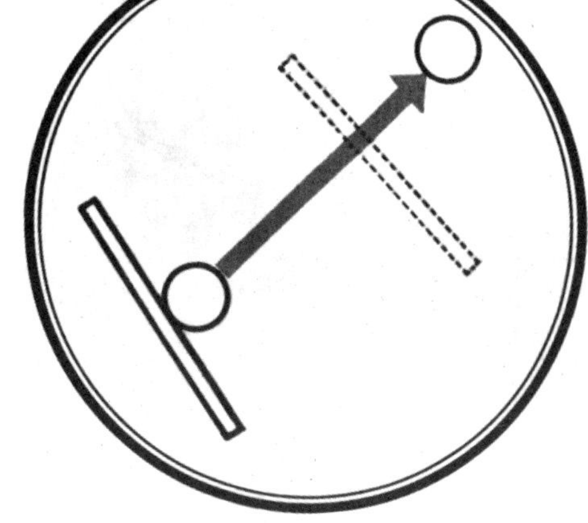

로브 발리에 관한 요점

1. 타점이 높은 볼이라면 로브 발리를 시도하지 말라.
2. 짧은 백스윙으로 보통 낮은 발리의 경우와 같이 준비하라.
3. 볼을 공중으로 빨리 밀어 쳐올릴 때 라켓면은 열어라.
4. 폴로우 드루는 볼을 보내고자 하는 방향으로 하라.

톱스핀
로브의 타법

톱스핀 로브를 완전히 익힌 테니스 선수는 코트에서 최상의 무기(바르게 맞았을 때 거의 승자로 보증받을 수 있는 샷)를 가졌다고 할 만큼 대단한 기술의 보유자로 인정할 수 있다. 볼이 네트에 있는 상대 선수의 쭉 뻗은 라켓 위로 날아가며, 앞으로 향한 스핀 때문에 볼은 백코트에 떨어져서 뒷펜스를 향해 예리하게 바운드 된다.

그러나 톱스핀 로브는 배우기에 쉬운 스트로크는 아니다. 경기에 있어서 톱스핀을 자유자재로 구사할 수 있는 상태가 되기까지는 많은 연습이 필요하다.

1. 톱스핀 로브의 사용시기
(When to use it)

톱스핀 로브는 공격적 로브(118 페이지)와 같이 상대 선수가 네트에 있고 자신이 베이스라인 근방의 유리한 위치에 있을 때 사용되어야 하는 샷이다. 그것은 패싱 샷(상대 선수를 스쳐 낮고 예리하게 쳐진 타구)에 대한 대안이다. 상대가 네트를 점령할 때는 패싱 샷(passing shot)이 아니면 로브를 할 수밖에 없지 않은가. 치는 사람은 베이스라인 위나 베이스라인 앞에 있어야 한다. 만약 베이스라인에서 멀리 떨어져 있다면 성공적인 톱스핀 로브를 칠 기회는 줄어들 것이다. 왜냐하면 네트에 근접해 있는 상대 선수가 반응할 시간을 더 많이 갖게 될 것이고 스매시하기 위해 후퇴할 것이기 때문이다. 그러나 만약 서어비스라인 가까이 있다면 로브보다는 패싱 샷을 시도하는 것이 더 좋다. 공격적인 상대가 네트를 향해 과감하게 대시해 올 때 한 경기에서 한두 번 정도 톱스핀 로브를 구사하므로써 상대의 발을 베이스라인 근처에 묶어 둘 수 있을 것이다.

2. 충분한 스윙을 하라
(Take a full swing)

톱스핀 로브의 특징은 볼이 바운드된 후에 베이스라인에서 큰 아아치를 그리며 앞쪽으로 멀리 튀어오른다. 볼에 강력한 회전이 걸렸기 때문이다. 볼에 그런 종류의 강력한 톱스핀을 넣기 위해서는 볼 낙하지점의 아래쪽에서부터 루우프 스윙(loof swing)을 구사해야만 한다. 라켓의 헤드 부분은 접촉이 이루어질 때 매우 빠르게 위로 움직여야 한다. 보통의 공격적인 로브와는 차이가 약간 있다. 공격의 로브는 밀어쳐 맞추는 터치 감각을 사용하는 기민한 샷인데 반해 톱스핀 로브는 볼에 더욱 맹렬한 스윙을 요구한다. 스윙을 강하게 하면 할수록 볼의 뒷면을 견고하게 스치고 지나가기 때문에 볼에 더 많은 톱스핀을 넣을 수 있다. 만약 강한 톱스핀 백핸드 그라운드 스트로크를 갖고 있지 않다면 백핸드로 이 샷을 구사할 생각은 버려라. 그 이유는 백핸드 쪽으로는 그 처럼 강한 스윙을 한다는 것은 더욱 어렵기 때문이다.

3. 정면으로 쳐올려라
(Hit out front)

접촉시 볼에 최대한의 포어 워드스핀을 넣기 위해서는 손목에 스냅을 넣어야 할 것이다. 앞쪽 엉덩이의 정면에서 볼을 친다고 생각하면 정확한 동작이 될 것이다. 만약 볼을 늦게 치면 손목에 스냅을 넣을 수 없게 될 것이고 그 샷은 스핀과 앞쪽을 향한 속도가 부족할 것이다. 몇몇 우수한 프로 선수들이 정면으로 멀리 톱스핀 로브를 쳐낼 수 있다는 것은 그들이 라켓 손잡이 아래에서 손바닥으로 조금 변형시킨 웨스턴 그립(Western grip)을 사용하기 때문이다.

톱스핀 로브를 사용할 때 애매한 동작을 취하지 말고 커트 (cut) 하라. 만약 볼을 치기만 하고 앞쪽으로 보내기 위한 동작이 라켓에 가미되지 않는다면 볼은 맹렬한 톱스핀이 걸려 공중에 높이 올라가지 못할 뿐더러 상대 선수의 머리 위로 넘길 충분한 운동량을 가지지 못할 것이다. 그러한 경우 당신이 친 톱스핀 로브는 네트 앞에 있는 상대에게 걸려 당신의 코트에 반격의 날카로운 샷으로 변하여 돌아올 것이다.

4. 높은 곳에서 스윙을 끝내라
(Finish high)

볼을 쳐낸 후 라켓이 계속 위로 그리고 몸 주위로 가게 하라. 라켓을 잡은 팔의 위를 통하여 맞아나가는 볼을 바라보기 위하여 스윙은 높은 곳에서 끝내야 한다. 볼에 손목 스냅을 준 후에 라켓을 정지시키지 말라. 만약 그렇게 한다면 접촉시 라켓이 최상의 속도로 움직이는 데 방해가 될 뿐 아니라 결과적으로 샷에 충분한 톱스핀을 넣을 수 없을 것이다. 만약 톱스핀 로브를 정확하게 친다면 상대 선수의 반구를 받을 것에 관해서는 걱정할 필요가 없기 때문에 충분한 폴로우 드루에 대한 시간적인 낭비 또한 염려할 필요가 없다.

톱스핀 로브에 관한 요점

1. 볼을 주시하라.
2. 루우프 스윙(loof swing)을 하고 라켓을 볼의 낙하지점보다 아래쪽으로 낮추어라.
3. 앞쪽 엉덩이 정면에서 약간 바깥쪽으로 맞춘다고 생각하라.
4. 볼을 잡아 쳐올릴 때 손목 스냅을 이용하라.
5. 충분한 폴로우 드루를 하라.

백핸드 오우버 헤드의 타법

　백핸드 오우버헤드는 긴급한 상황에서 구사하는 스트로크인데 다른 어떤 방도가 없을 때 사용되는 샷이다. 대부분의 경우에 있어서 상대 선수가 백핸드 쪽으로 로브를 높이 쳐올릴 때 볼 아래로 가서 보통 포핸드 오우버헤드(104~109페이지를 보라)를 치기 위해 이동할 시간을 갖는다.

　그러나 백핸드 오우버헤드를 할 수밖에 없는 빠르고 낮은 로브를 구사하는 상대를 만날 때가 있다. 여기에 그런 상대를 요리하는 방법을 제시한다.

1. 빨리 옆으로 돌아서라
(Turn sideways quickly)

백핸드 오우버헤드는 어쩔 수 없는 상황에서 거의 필사적인 샷동작이기 때문에 아래 사진에서 보이고 있는 시범처럼 균형이 잘 잡힌 준비자세로 가기 위해 빨리 이동해야 한다. 가능하면 빨리 네트를 향해 옆으로 어깨를 돌려라. 그러고 나서 높은 위치에서 손으로 라켓을 뒤로 가져가고 라켓의 헤드 부분은 뒤로 쳐져야 한다. 만약 볼이 당신을 막 지나 치려고 한다면 등이 거의 네트를 향할 때까지 상체를 돌려라. 그렇게 하므로써 라켓을 훨씬 더 뒤로 가져갈 수 있을 것이고 정면에서 볼을 칠 기회가 많아질 것이다.

2. 손목은 뒤로 두라
(Lay your wrist back)

백핸드 오우버헤드의 준비는 포핸드의 변형동작으로 보충하려 해도 많은 제한이 따르는데 그것은 가슴 자체가 백스윙을 방해하여 팔을 뒤로 멀리 가져갈 수 없는 까닭이다. 앞으로 스윙을 하기 전에 손목을 뒤쪽에 있도록 해야 한다(사진 C). 라켓의 헤드 부분이 손의 높이(수준)보다 아래에 올 때까지 라켓을 뒤로 끌고 가라. 만약 손목이 유연하다면 세이사스가 여기에 하고 있는 것과 같이 라켓을 더 뒤로 가져갈 수 있을 것이다. 백스윙할 때 손목을 뒤로 가져감으로써 타구할 때 라켓을 앞으로 예리하게 스냅할 수 있을 것이다. 백핸드 오우버헤드에 체중을 많이 가하기는 어렵기 때문에 체중을 실을 수 있는 몸의 자세가 중요하다. 이 샷은 거의 모든 힘을 스냅에 의존해야 한다.

3. 손목 스냅을 가하라
(Snap your wrist)

강력한 힘으로 백핸드 오우버헤드를 치는 것은 힘들다. 왜냐하면 준비를 하고 체중을 샷에 옮길 충분한 시간이 없기 때문이다. 그래서 힘을 얻기 위해서 손목 스냅과 팔의 동작에 의존해야 할 것이다. 만약 백스윙을 하는 동안에 손목을 뒤로 가게 한다면 볼에 접촉하기 전에 스냅을 가할 수 있을 것이다. 팔뚝은 접촉지점에서 곧게 되어야 하고 그립은 단단히 고정시켜야 한다. 접촉시 계속하여 라켓의 헤드 부분을 높게 하고 날쌔게 볼을 끌어당기려는 유혹을 물리쳐야 하며, 이 샷은 상대가 네트에서 멀어지도록 깊숙한 곳으로 보내야 한다.

4. 폴로우 드루 상태로 오래 머물러라
(Stay up on the follow-through)

폴로우 드루를 할 때 라켓을 급하게 아래로 가져오지 말라. 볼을 계속해서 치는데 가능하면 꼭 오랫 동안 라켓 헤드가 위로 유지되게 하라. 그래야만 샷은 깊숙이 갈 것이고, 상대 선수의 반구는 훨씬 더 어려워질 것이다. 할 수 있는 한 정면에서 바깥으로 폴로우 드루하고 당신의 몸이 거의 네트를 향할 때까지 자연스럽게 라켓이 옆으로 돌아오도록 하라. 폴로우 드루를 끝낼 때까지 라켓의 머리 부분은 위로 향하고 팔은 곧게 유지하도록 하라.

백핸드 오우버헤드의 요점

1. 볼을 잘 보라.
2. 백스윙을 시작하기 위해 몸을 옆으로 돌려라.
3. 라켓은 뒤로 높이 가져가라.
4. 앞으로 스윙을 시작하기 전에 손목이 몸 뒤에 있도록 하라.
5. 볼과 접촉할 때 손목 스냅을 이용하라.
6. 라켓 헤드는 위로 향하게 하라.

단식경기의 전략
공격적인 경기의 운영

테니스의 단식경기는 육체적으로나 정신적으로 많은 노력이 요구되는 경기이다. 성공적인 단식경기를 이끌어 가기 위해서는 선수가 매우 다양한 스트로크를 구사할 수 있어야 하고, 길고 긴장된 경기를 승리로 이끌기 위해서는 충분한 스태미너를 가져야만 하며, 또한 복식경기의 운영과는 다른 전략을 자유자재로 이용할 수 있어야 한다.

이 장의 첫부분에서는 보통 서어브를 넣는 사람이 네트로 전진해서 훌륭한 발리로 포인트를 얻는 공격적인 경기의 기본적인 것에 관하여 다룬 다음 계속해서 단식경기에서 훨씬 방어적인 접근인 백코트상의 경기운영에 관하여 중점적으로 다룰 것이다.

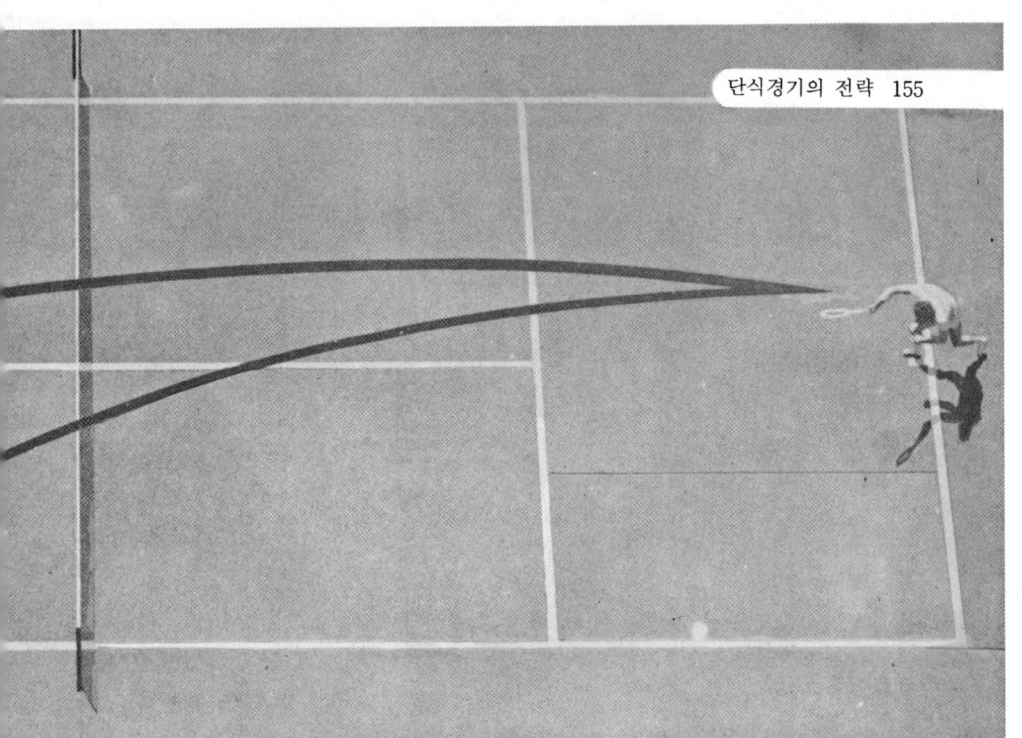

1. 네트를 점령하라
(Be ready to charge the net)

　단식경기에 있어서 공격적인 경기의 기본은 첫 서어브를 넣고 네트로 전진하여 첫번째 또는 두 번째의 발리를 하는 정도에서 포인트를 얻어내는 것이다. 서어비스를 넣을 때는 센터 마크 가까이에서 시작하라. 그래야만 서어브를 넣고 네트로 전진하여 발리를 할 때 거리상으로 유리하다. 깊숙이 칠 수 있는 서어브를 사용하되 상대의 약점을 공략하라. 대부분의 선수들에게 있어서 그 약점은 아마도 백핸드 쪽이 될 것이다.

　시합에서 자신이 경기를 리드하고 있지 않다면 위험 부담을 안고 서어비스 에이스를 내기 위해 집착할 필요가 없다. 대신에 첫번째 서어브는 볼이 코트에 안전하게 들어갈 수 있도록 충분한 스핀을 넣어 당신이 구사할 수 있는 서어브 속도의 약 ¾ 쯤으로 쳐라. 듀스 코트(deuce court)에 서어브할 때는 그림에서 보는 것과 같이 상대 선수의 백핸드 쪽 중앙 아래로 치는 것이 가장 좋다(사진 A). 만약 오른손잡이와 경기를 한다면, 상대 선수가 백핸드로 반구하는 데 어려움을 겪을 것이며 상대의 반구를 처리하기 위해 네트로 전진할 때 커버(cover)할 각도가 줄어들 것이다(다음 페이지를 보라). 대부분의 선수들은 라인을 따라 떨어지는 백핸드 리턴 샷을 칠 것이기 때문에 당신은 백핸드 발리로 준비에 임해야 할 것이다(만약 오른손잡이라면).

　그러나 서어브를 내내 똑같은 지점으로 넣어서는 안 된다. 만약 그렇게 한다면 상대 선수가 곧 알아차리고 당신이 서어브를 넣으려는 순간 미리 움직여서 반구하기에 가장 좋은 위치와 자세를 잡을 것이다. 서어비스 박스(B)의 좌우 측면을 폭 넓게 이용하면서 때때로 약간 변경하라. 그렇게 하므로써 리시이버가 강력한 리턴을 할 수 없도록 코트 밖으로 끌어낼 수 있고 그것은 또한 상대의 약한 리턴을 유도해서 당신의 쉬운 발리공격으로 이어질 것이다.

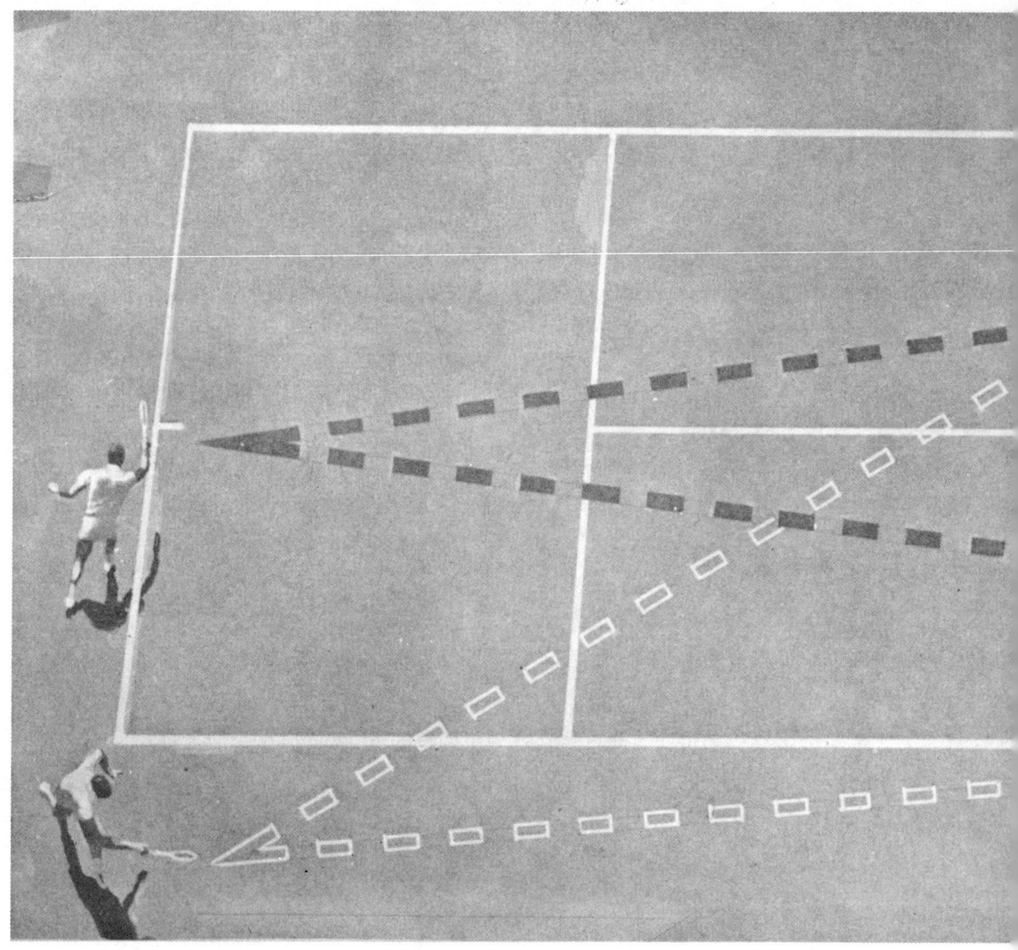

2. 상대의 반구각을 차단하라
(Cover the angle)

서어브를 넣고 난 후 네트로 접근하는 데 있어서 리시이버가 볼을 칠 때 서어비스 라인 몇 발자국 뒤에 있어야 한다. 반구의 방향을 결정하기 위해 잠깐 멈추고 나서 첫 번째 발리를 치기 위해 볼을 향해 다시 앞으로 이동하라. 어느 쪽으로 이동해야 하는 지는 서어브가 떨어지는 위치와 리시이버의 반구 각도에 달려 있다.

만약 듀스 코트(그림 A지점) 중앙 아래로 서어브를 넣는다면 리시이버가 당신의 왼 쪽 라인을 따라 떨어지는 리턴 샷을 할 경우가 있다. 그런 경우에 있어서는 네트를 향 한 전진이 가능하고 아마도 서어비스 박스의 'T' 주위로 백핸드 발리를 해낼 수 있을 것이다. 리시이버가 볼에 약간의 각도를 준다 할지라도(가능성의 범위는 점선에 의해 그려져 있다) 어느 쪽이건 한 걸음만 움직이면 효과적인 발리를 구사할 수 있는 것이 다.

반면에 만약 리시이버의 포핸드 쪽으로 뻗어나간 서어브를 했다면(그림 B), 그는 반 구를 하는 데 있어서 더 넓은 각도를 선택할 수 있을 것이다. 물론 그처럼 넓게 옆으 로 뻗어나는 서어브는 보통 선수들이 치기에는 더 어렵다는 사실에 의하여 유리한 점 도 있긴 하다. 그래서 상대의 리턴 샷이 강력하지는 않을 것이지만 코트의 중앙으로 떨

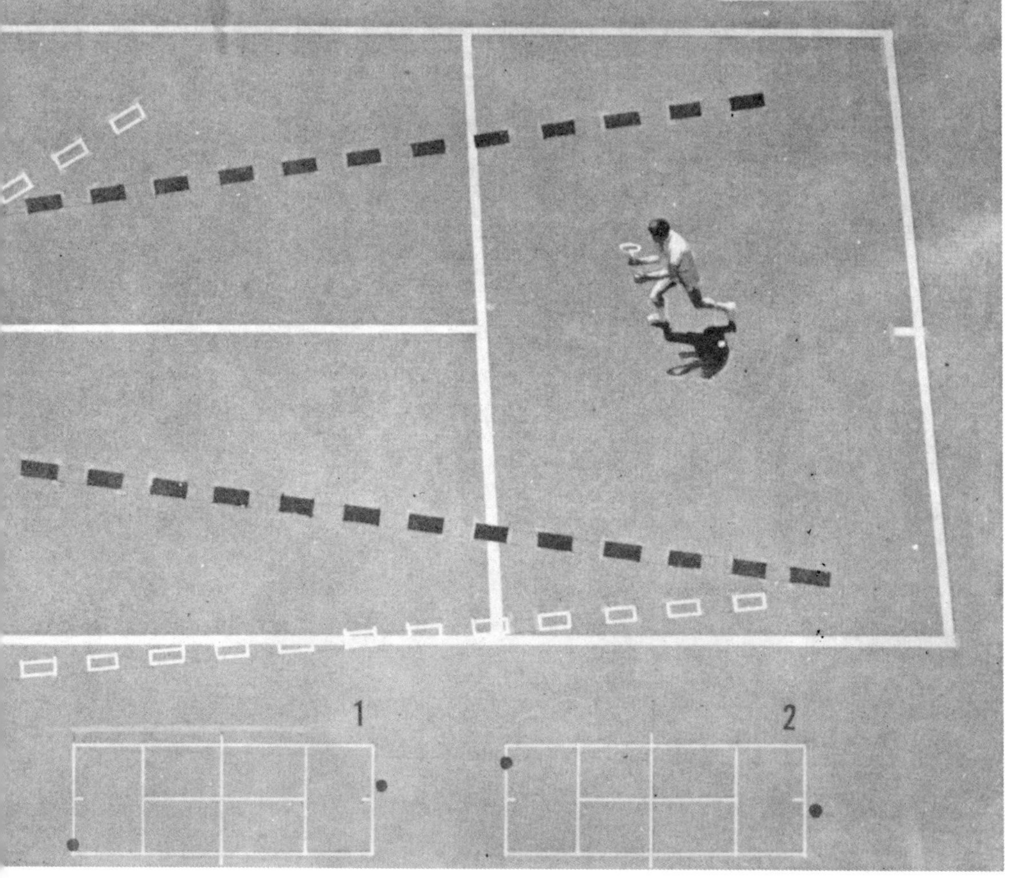

어지는 서어브를 할 때보다는 옆으로 훨씬 더 많이 움직일 수 있는 준비를 해야 된다. 그러나 리시이브는 네트 중앙이 측면보다 그 높이가 낮을 뿐 아니라 볼을 보낼 수 있는 목표점이 많기 때문에 코트의 대각선을 따라 날으는 안정성 있는 리턴 샷을 할 수도 있을 것이므로 이에 대비하여야 한다.

　만약 볼이 잘 튀는 코트에서 단식경기에 임할 때 당신이 서어브 리시이브를 하려면 가운데로 날아오는 서어브나 옆으로 넓게 뻗어나가는 서어브 둘 다 처리할 수 있는 위치를 잡아야 한다. 듀스 코트 즉 오른쪽 코트(deuce court or right-hand)에서는 당신의 오른발이 단식 사이드라인 쪽에 접해 있어야 한다는 것을 뜻한다(위의 그림 1). 왼쪽 즉 어드밴티지 코트(advantage court)에서는 오른손잡이의 경우 어드밴티지 코트 쪽으로는 넓게 뻗어나가는 서어브를 구사하기 어려우므로 단식 사이드라인에서 상당히 떨어진 위치를 잡아도 좋다(그림 2). 더우기 슬로우 코트(slow court), 즉 볼이 빠르게 튀지 않는 코트에서 경기에 임할 때는 코트의 중앙으로 더욱 가까이 리시이브 위치를 잡아도 좋다. 왜냐하면 볼이 느린 속도로 운동하는 볼을 보면서도 동작을 취할 수 있기 때문이고, 첫 서어브를 받을 때는 견고하고 안전한 리턴을 하는 데만 정신을 집중한다.

3. 첫번째 발리는 깊숙이 하라
(Hit your first volley deep)

　당신이 서어브를 한 후 네트로 접근할 때 상대의 리턴이 네트 위로 높고 약하게 오는 경우가 아니라면, 첫 발리로 쉽게 포인트를 따내기는 어려울 것이다. 따라서 첫 발리를 깊숙하게 하며 상대를 베이스라인 뒤쪽으로 깊숙이 몰아부쳐 리턴을 어렵게 하므로써 상대의 약한 리턴을 유도해 낸 다음 두 번째 발리로 결정타를 넣어라.

　서어비스를 시도한 후 이상적인 첫 발리를 하려면 적어도 서어비스라인까지는 들어가야 가능하다. 만약 서어브를 따라가는 동작이 늦으면 네트 가까이 접근하기 전에 볼은 코트에 떨어지므로 네트에 걸리지 않는 발리를 하려면 위로 쳐올려야 하는 불리한 로우 발리(low volley)가 아니면 하프 발리(half volley)로 처리할 수밖에 없게 될 것이다. 이러한 종류의 샷으로는 좋은 반구가 어렵다. 발리를 할 때에는 네트 가까이 가면 갈수록 발리의 타점이 높아진다. 만약 가슴높이 정도에서 발리를 한다면 상대방을 베이스라인 뒤쪽으로 몰아부칠 수 있는 공격적인 샷이 가능할 것이다.

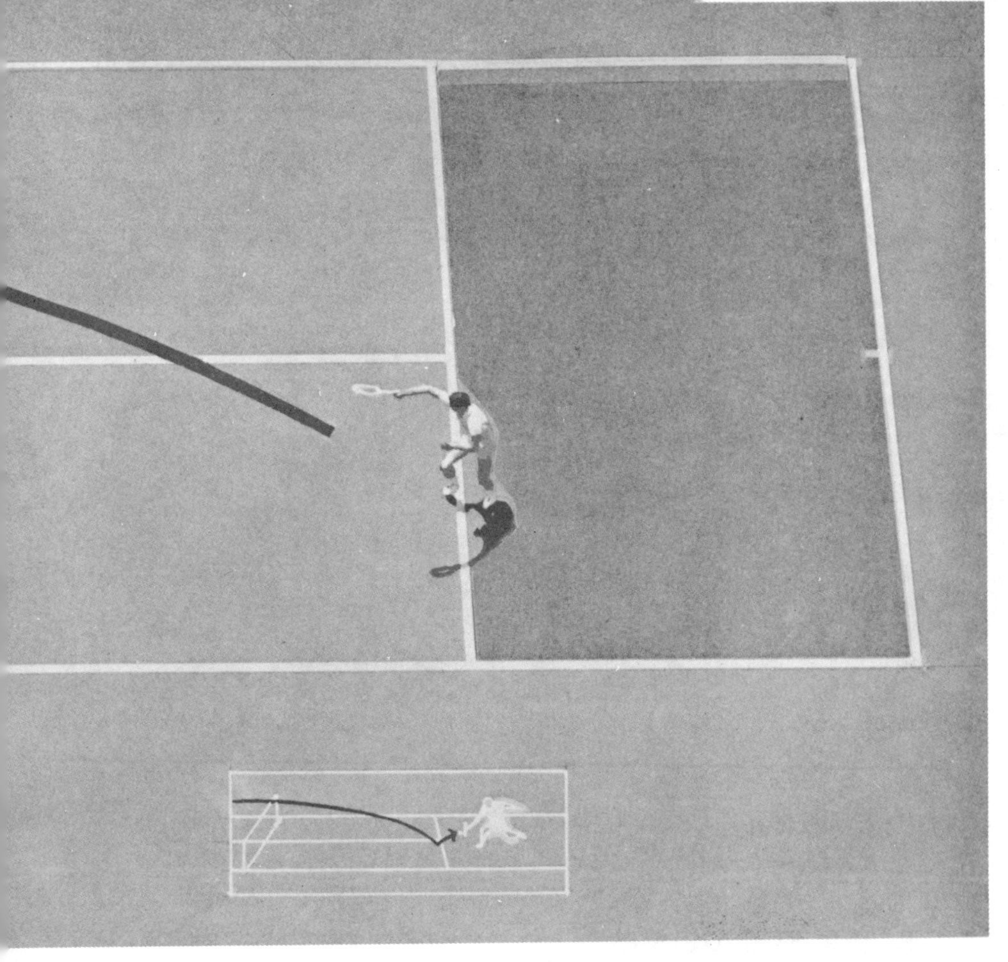

　첫번째 샷을 너무 짧게 치는 과오를 범하지 말라. 그것은 상대에게 당신이 미치지 못할 정도의 패싱 샷을 구사할 수 있는 기회를 주는 결과가 될 것이다. 물론 당신의 강력한 서어브로 상대를 코트 밖으로 끌어냈을 경우에는 코트 중간쯤의 빈자리로 발리하여 상대가 달려와 급한 샷을 하게 하여 실수를 유도해 낼 수 있다. 하지만 상대가 코트의 중앙에서 위치를 잘 잡고 있다면 그가 급히 쳐올릴 수밖에 없도록 가능한 한 코트 깊숙이 떨어지는 발리를 구사하라.

　첫 발리를 한 후 구경만 하고 있어서는 안 되며 볼을 친 후라도 계속 네트 가까이로 움직여라. 두 번째 발리를 하기 위해 준비를 할 즈음에는 서어비스라인과 네트의 중간쯤으로 자신에게 유리한 위치에 있어야 한다. 자 이제 승리의 샷을 위해 만반의 준비를 갖춘 셈이다.

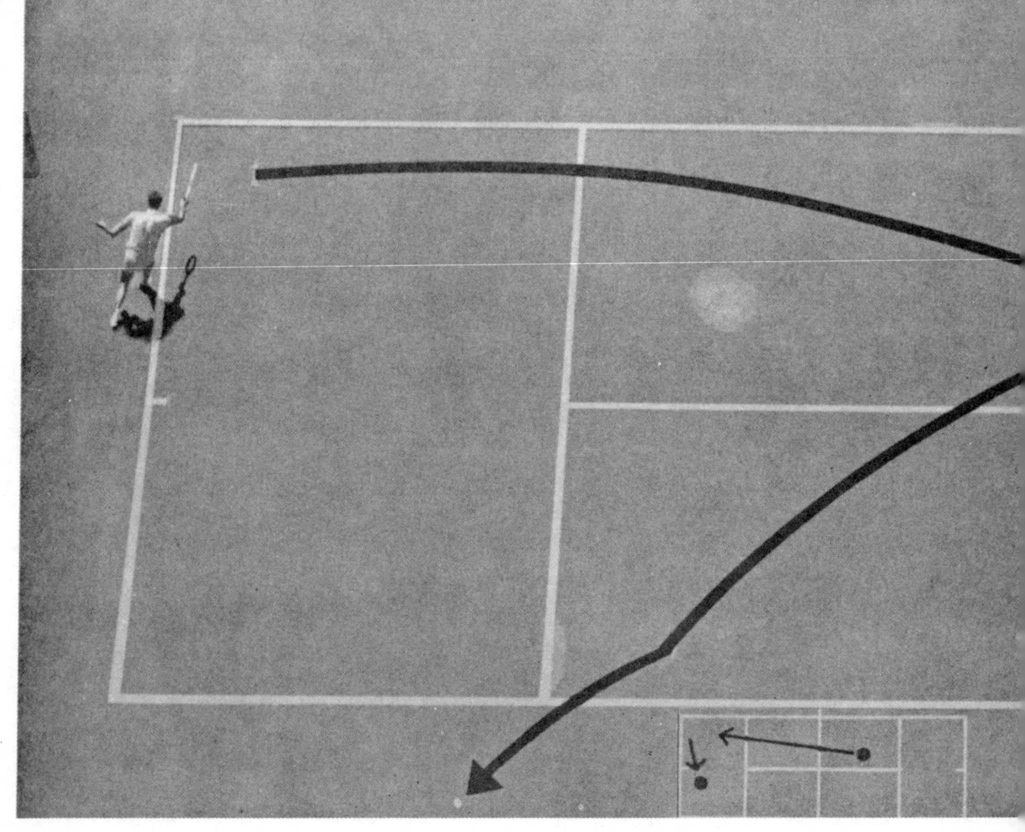

4. 볼은 빨리 처리하라
(Put the ball away quickly)

　단식경기에는 때때로 모험이 필요하다. 그것은 상대가 볼을 칠 기회를 주기보다는 당신이 결정타를 때리는 것이 좋을 때가 많다는 것을 의미한다. 그러므로 공격시 당신의 목적은 가능한 한 빨리 네트를 점령하여 포인트를 따내는 일이다.

　만약 네트와 서어비스라인 중간쯤에서 이상적으로 발리할 수 있는 위치에 이를 수 있다면 네트를 넘어오는 볼이 어떠한 구질이건 처리할 수 있어야 한다. 상대 선수로부터 먼 코트의 공간으로 견고한 발리를 쳐라. 위의 그림과 같이 예리한 발리의 각을 낼 수 있다면 더욱 좋을 것이다. 그러나 예리한 발리 각도를 지나치게 강조하므로써 코트 밖으로 쳐내고 마는 잘못을 범하지 말라.

　경우에 따라서는 당신의 행동과 발리에 대한 당신의 의도를 미리 예측하는 경험이 풍부한 상대를 만날 것이다. 그러한 선수를 만날 때에는 그 선수의 뒤로 볼을 쳐보내라. 달리 표현하면 넓은 지역(위 작은 그림의 듀스 코트나 아래쪽)으로 볼을 보낼 것이 아니라 반대로 좁은 지역으로 쳐라. 그러면 상대는 이미 그림의 화살표 방향으로 미리 움직이기 시작했을 것이므로 되돌아가서 리턴하기는 어려울 것이다(삽화를 보라).

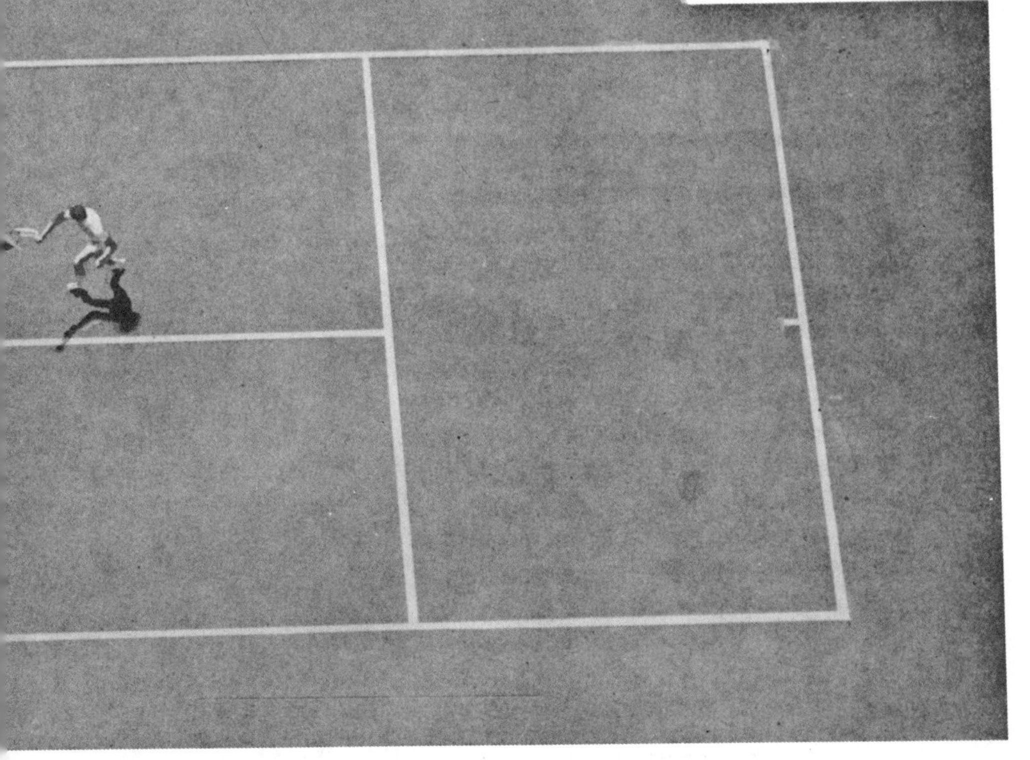

일단 선수가 이동하기 시작하면 비교적 가까이 오는 볼에 있어서 조차도 방향을 바꾸기가 어렵다.

그러나 발리를 하려는 지역이 어느 곳이든간에 볼을 치기 전에 그 방향을 결정하고 상대 선수의 동작 때문에 마지막 순간에 이미 결정을 내렸던 방향을 바꾸려고 해서는 안 된다. 발리란 결정타가 아니면 자신이 반격당할 때는 감당하기 어려운 상황에 몰리기 쉽다. 따라서 마무리하는 발리는 강력한 것이어야 한다. 그러므로 상대 선수가 반구하기 위해 볼에 라켓을 댈 수 없을 정도로 결정적인 발리를 쳐야 한다.

단식 경기의 공격 전략에 대한 요점

1. 첫 서어브를 넣고 그 위치와 스핀의 종류에 변화를 주어라.
2. 자신이 가장 믿을 만한 샷을 구사하여 성공률을 높여라.
3. 네트로 전진할 때는 상대 선수의 샷 방향을 잡기 위해서 잠깐 멈추어라.
4. 각도 있는 예리한 발리로 결정타를 낼 수 없을 경우에 가능한 한 발리를 깊숙하게 보내라.
5. 볼을 한 번 칠 때마다 상대가 갖는 반구각도의 중앙으로 움직여라.

수비적인 경기의 운영

클럽에서 테니스를 즐기는 정도의 선수들은 대개 스태미너가 부족하고 공격적인 서어브와 발리 테니스(Serve and Volley Tennis), 즉 서어브한 후 바로 발리로 연결하는 데 필요한 공격성이 없다. 그들은 볼이 매우 느린 코트나 또한 약한 두 번째 서어브를 한 후에는 대개 평범한 선수들 사이에 신중한 코스로 통하는 백코트에 남아 있기를 더 좋아한다.

다음 페이지에서는 단식경기에서 백코트로부터 경기를 전개하여 시합을 승리로 이끌어 가는 전략을 소개할 것이다. 만약 당신이 운이 좋다면 백코트에 남아서도 상대방으로 하여금 그라운드 스트로크의 싸움으로도 상대의 실수를 유도해 내어 상대 선수를 이길 수 있다. 그러나 베이스라인 경기를 하다가도 적절한 기회가 주어질 때마다 네트로 대시하므로써 당신은 더욱 승률을 높여갈 수 있을 것이다.

그래서 여기에 소개하는 대부분의 전략은 백코트에서 점수를 따기 시작한 후(유리하게 상대를 몰아부친 후) 결국은 네트의 지배권을 장악하는 데 도움을 주도록 세워져 있다. 상대가 처한 상황에 따라 네트로 전진하는 전략과 백코트의 베이스라인 경기를 병행한다는 생각으로 임하라. 숲 속에 숨어 있던 사자처럼 백코트에서 베이스라인 경기를 하다가 때가 오면 네트로 들어가며 급습하라.

1. 상대를 많이 움직이게 만들어라
(Move your opponent around)

서어브를 넣은 후, 혹은 서어브를 받고 난 후 베이스라인 뒤에 머무르고 있을 때 당신의 목적은 상대 선수를 베이스라인 주위나 베이스라인 뒤에 묶어두는 일이다. 베이스라인 근처에서라면 어떠한 선수라도 결정타를 날리기란 어렵다. 사실상 베이스라인에서 베이스라인으로 상호 계속적인 랠리(rally)를 하다 보면 인내심을 잃게 하여 실수를 이끌어낼 수 있다.

그래서 백코트 경기에 있어서 첫번째 비결은 볼을 깊숙이 치는 것이다. 모든 샷은 서어비스라인보다는 베이스라인 쪽으로 더 가깝게 떨어져야 한다. 만약 서어비스라인 주위로 떨어지는 짧은 볼을 치면 상대방은 어프로우치 샷을 한 후 네트를 점령하여 발리로 결정타를 가할 것이다. 그러나 깊숙한 샷을 확실히 하기 위해서는 네트 위로 높게 날으는 그라운드 스트로크를 구사하되 마치 로브와 비슷한 스트로크를 구사해서도 안 되지만 반대로 볼이 네트 위로 스쳐 지나갈 정도로 낮게 보내면 짧은 샷이 되거나 네트에 걸릴 것이다.

그라운드 스트로크의 위치를 변화시킴으로써 상대 선수를 움직이게 만들거나 상대 선수를 한곳에 머물러 있지 못하게 할 수 있다. 만약 일관성 있게 양코너로만 규칙적으로 친다면, 상대 선수는 패턴을 곧 알아차리고 다음 샷을 예상하기 시작할 것이다. 그러므로 스트로크 위치에 여러 가지 변화를 주어라. 코너를 바꾸어 몇 개의 샷을 치고 그 반대로도 몇 개를 쳐보내라. 좌우코너로 보내다가 같은 코스로 한 번 더 보내라. 상대 선수를 생각하게 만들어라. 만약 상대 선수가 명백한 약점을 갖고 있다면 또한 그 약점을 공략하라.

베이스라인 뒤에 있을 때, 상대 선수의 실수를 이끌어 내기 위해 코트 주위로 움직이도록 해야 할 것이다. 그런 상황이 발생하면 베이스라인 중앙 깊숙이 쳐라.

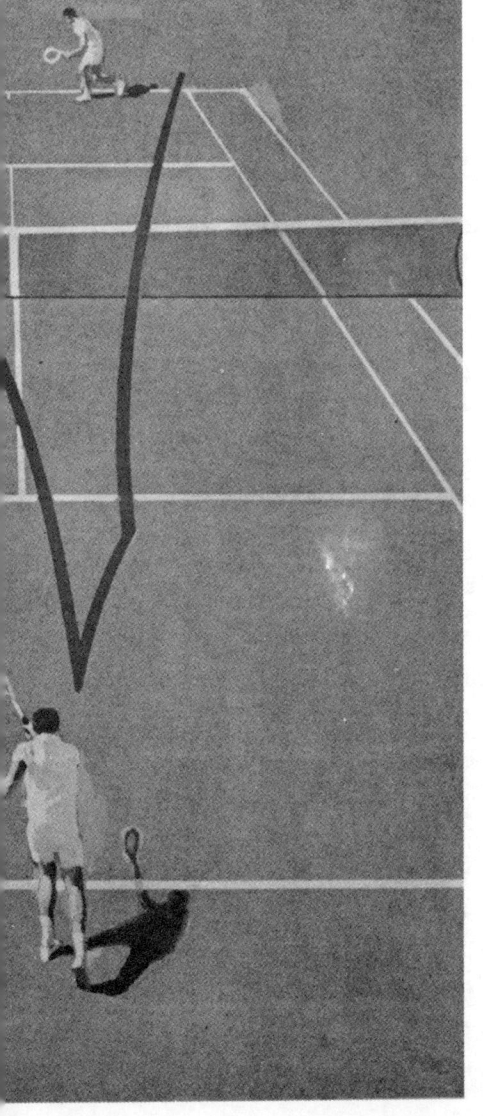

2. 상대의 짧은 타구를 기다려라 (Wait for a short ball)

계속해서 베이스라인 경기를 하는 사람을 만났을 때는 '인내'라는 단어를 승리를 위한 격언으로 생각하라. 이러한 선수들은 상대를 지루하고 마음 조이도록 하기 위하여 일정하고 긴 랠리를 계속할 것이다.

안달을 부리지 말라. 당신 코트에서 베이스라인보다 서어비스라인에 더 가깝게 떨어지는 짧은 볼을 기다려라. 그런 볼이 올 때 빨리 이동하여 상대 선수가 베이스라인 뒤쪽에 있도록 깊숙한 어프로우치 샷(approach shot)을 쳐라. 그리고 나서 발리로 상대 선수의 반구를 끝내기 위해 네트로 전진하라. 사실상 그 곳에서 적절한 발리로 포인트를 얻어야 한다.

사실 바운드가 느린 클레이 코트(Clay court)에서 경기를 한다 할지라도 짧은

볼이 온 후에는 들어가서 득점 기회를 살려야 한다. 많은 선수들이 네트 플레이는 볼의 바운드가 느린 코트면에서는 불리하다는 그릇된 생각을 갖고 있다. 만약 어프로우치 샷을 길게 치고 네트와 서어비스라인 중간쯤에서 이상적인 발리 위치를 구축한다면 상대 선수는 옆으로 당신이 미치지 못할 패싱 샷을 치는 데 있어서 계속 어려움을 겪게 될 것이다.

또 하나 철칙은 짧은 볼을 치고 난 후 네트로 전진했다가 다음 샷을 위해 베이스라인 쪽으로 되돌아가는 실수는 하지 말라. 공격을 위한 위치 설정이 어려울 뿐만 아니라 만약 상대 선수가 코너 쪽으로 깊숙이 친다면 어색하게 뒤로 급히 움직여야 할지도 모른다.

바운드가 느린 코트(Slower surfaces)에서는 확실히 더 많은 인내심을 필요로 하지만 짧은 볼이 오기를 기다리다 볼이 왔을 때에는 과감하게 치고 들어가라.

3. 지고 있는 상황에서는 작전을 변경하라
(Change a losing game)

백보드(back board)와 같은 상대는 어떻게 공략할 것인가? 베이스라인 상에 끈질기게 버티고 서서 그라운드 스트로크에는 그라운드 스트로크로, 네트로 갈 때는 매번 머리 위로 로브를 구사하는 선수를 어떻게 다룰 것인가? 그런 종류의 선수는 경기의 흐름을 자기 쪽으로 끌고 가 당신 스스로를 자책에 빠지도록 하려는 것이다.

해답은 경기에 변화를 주어 결과적으로 상대의 경기를 변화시키는 것이다. 예를 들어 짧은 볼을 받을 때는 어프로우치 샷을 치는 대신에 짧은 볼을 쳐 상대를 네트 쪽으로 끌어들여야 한다. 이상한 것은 상대가 좋은 발리를 할 수 없다는 것이다. 그래서 실수를 유도하거나 패싱 샷으로 그의 약한 발리를 타구를 공략하므로써 아마도 점수를 얻을 수 있을 것이다.

물론 상대 선수가 다가와서 어프로우치 샷을 치고 네트로 공세를 취한다는 위험을 무릅쓰고 하는 일이다. 그러나 대부분 베이스라인 플레이어들은 네트로 전진하여 발리로 처리하는 데는 익숙하지 못하다는 것이다.

또한 성공률이 상당히 낮은 샷이기는 하지만 드롭 샷을 침으로써 경기를 변화시키는 것을 고려할 수도 있다. 여기에 보이고 있는 것과 같이 실로 짧은 볼을 기다려라. 계

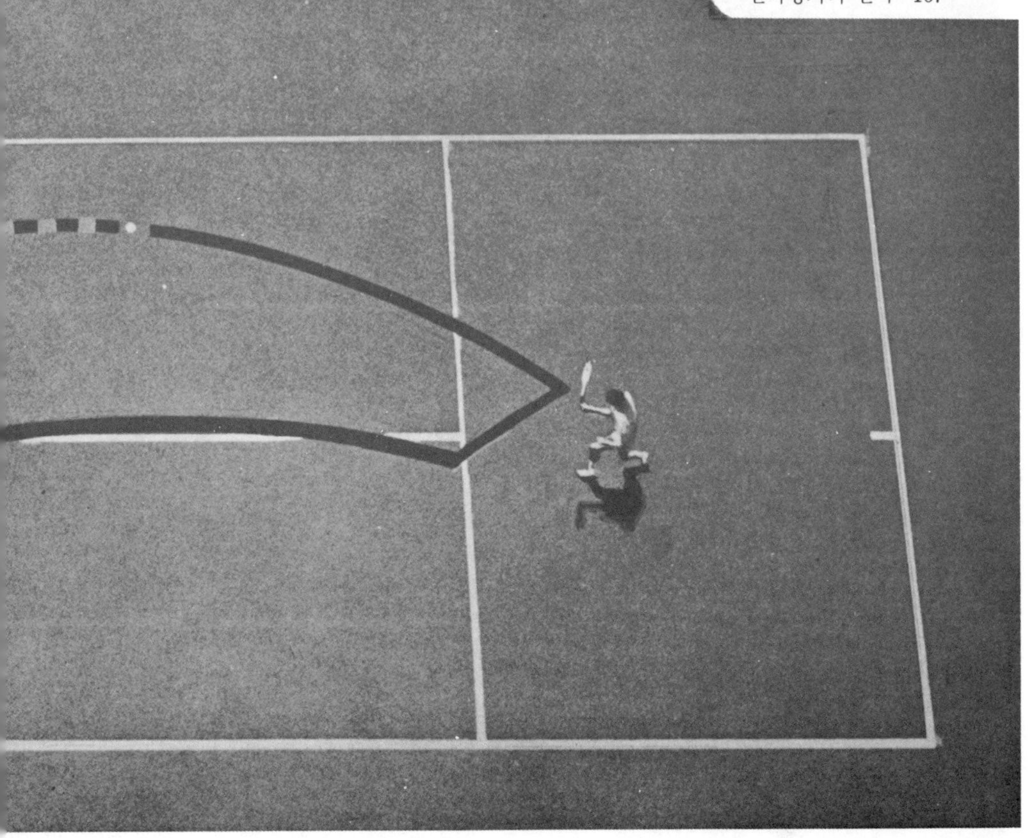

속해서 베이스라인에만 있는 선수는 순간적으로 아주 놀라서 그 지점에서 출발을 시도해 보지도 못한 채 당신에게 한 포인트를 헌납할 것이다. 설사 상대 선수가 그것을 받으려고 급히 움직인다 할지라도 그의 반구가 네트에 걸리거나 아니면 당신이 발리할 수 있는 약한 샷을 할 수밖에 없을 것이다.

드롭 샷을 한 후에 베이스라인과 서어비스라인 사이의 아무도 없는 지역에서 볼을 기다리지 말라. 계속해서 네트까지 접근하여 어프로우치 샷을 했을 경우와 마찬가지로 득점할 준비를 갖추어라. 상대 선수가 드롭 샷을 받아친다고 할지라도 좀 익숙치 못한 지점에 있게 되고 위로 치게 될 것이다. 그래서 다음 샷이 올 때는 당신이 유리한 입장에 있게 된다.

상대를 제압하기 위해 선택하는 전술이 짧은 볼 또는 드롭 샷 어느 것이든간에 경기의 성격을 변화시키는 데 성공할 것이며 시합에서 그라운드 스트로크를 피하여 당신에게 훨씬 유리한 상황으로 전환시킬 수 있을 것이다.

4. 네트로 돌진하는 상대는 로브로 공략하라
(Use a lob against a net-rusher)

　서어브를 넣고 난 후 뿐만 아니라 뒤에 있을 때 서어브를 받고 난 후 네트로 달려들어 당신을 베이스라인 근처에 묶어 두려는 선수는 어떻게 공략할 것인가.　그런 형의 선수는 단지 계속해서 네트로 돌진하므로써 당신을 안절부절하게 하여 당신의 실수를 유발시켜 득점을 하려 한다.

　해결책은 네트로 달려드는 사람을 코트 앞쪽으로부터 멀리하는 것이다.　네트에서 뒤로 가게끔 로브를 사용하라.　만약 매우 공격적인 선수라면 아마도 발리하기가 쉽게 네트 쪽으로 쏠려 당신의 로브를 되돌려 치기 위하여 뒤로 가는 데 시간적으로 어려움을 겪을 것이다.

　그러나 만약 네트로 달려드는 상대 선수가 네트에서 약간 뒤로 떨어지기 시작하여 로브를 기대하고 있다면 어떻게 할 것인가? 상대가 그렇게 하는 것이 당신에게는 훨씬 더 낫다. 그는 효과적인 발리를 할 수 없을 것이며, 앞코트에서 네트로부터 멀어지면 멀어질수록 상대를 지나 사이드라인과 평행으로 비행하여 떨어지는 패싱 샷을 보내기가 훨씬 더 쉬워진다.

　깊은 로브가 당신이 네트로 접근할 수 있는 상대의 약한 리턴 샷을 이끌어낼 수 있다는 것 또한 잊지 말라. 그것은 상대에게 상황의 변화를 주어 당신으로 하여금 상대의 경기 리듬을 깨뜨릴 수 있는 기회를 갖게 할 것이다.

복식경기의 전략

복식경기, 그 승리의 비결

클럽 수준에서는 주로 복식경기를 많이 한다. 그것은 단식보다 사교적인 시합으로 단식보다 많은 사람이 경기에 임하기 때문에 육체적으로 덜 피곤하고 코트의 면이 부족할 때 특히 도움이 되기 때문이다. 그러나 그러한 인기(대중성)에도 불구하고 선수들은 그들이 하는 복식경기를 개선, 발전시켜 나가는 데 있어 생각할 시간을 갖는 데 인색한 것 같다.

복식경기에서 계속 이기는 것은 단식경기에 임하는 것과는 근본적으로 다른 코트 전략에 대한 이해가 필요하다. 그 차이점은 복식경기에서 코트가 더 크다는 분명한 사실에서부터 시작하여 사람이 두 배이고 그리고 이 점에서부터 명확하지는 않지만 결정적이고 세부적인 면으로 나타난다.

이 장은 전략과 성공적인 복식경기에 필요한 몇 가지 특수한 샷에 대해 열거하고 있다. 첫 네 부분은 설명적인 원문을 갖고서 완전하고 전형적인 점을 가져다 주는 일련의 코트 도해를 통해 해설되어 있다.

1. 위치의 선정
(Get in position)

복식경기의 기본전제—남자복식, 여자복식 혹은 혼합복식 경기든지 간에—는 네트를 점령하는 팀이 승자가 된다는 것이다. 그래서 그러한 목표를 마음에 새기며, 한 포인트 한 포인트를 시작하라.

서어브(A)는 센터 마크(Center mark)와 단식 코트 사이드라인 사이의 중간쯤에서 서어브를 넣은 후 곧바로 따라 들어갈 준비가 되어 있어야 한다. 서어브의 파트너(B)는 서어비스라인과 네트 사이 중간쯤에서 센터라인 쪽보다는 단식경기 사이드라인 쪽으로 좀더 가까이 서서 이상적으로 네트 플레이를 할 수 있는 자리를 잡아야 한다. 그는 어느 방향이든 단지 한 걸음만으로 앨리(alley : 단식과 복식라인 사이)와 코트 중앙을 막을 수 있어야 한다.

리시이버(receiver)(C)는 듀스 코트(혹은 오른손)에서 받을 때 단식 사이드라인 쪽 가까이의 베이스라인 상에 위치해야 한다. 왼쪽 즉 어드밴티지 코트(advantage court)에서 받을 때는 약간 코트의 중앙쪽으로 있어야 한다. 리시이버의 첫번째 목적은 서어브를 받아서 보내고 그러고 나서 약간 네트 쪽으로 전진할 문제에 대하여 관심을 기울여야 한다.

리시이버의 파트너(D)는 서어브권을 갖고 있는 상대 전위가 중간으로 보내는 발리에 대비하기 위해서는 단식 사이드라인 쪽보다는 센터 마크 쪽의 서어비스라인 안쪽으로 가깝게 위치해야 한다.

172

2. 서어브에 스핀을 주어라
(Spin your serve)

　복식경기의 첫번째 열쇠는 성공적인 첫 서
어브에 있다. 그렇게 하기 위하여 단식에서 구
사하는 서어비스 속도의 ¾ 정도를 가하되 서
어비스 박스 안으로 커어브를 그리며 들어가
도록 볼에 스핀을 많이 넣어라. 토니 트라버트
(Tony Trabert)가 시범을 보이고 있는 것과
같이 슬라이스 서어브를 구사하라. 왼쪽에서
오른쪽으로(오른손잡이의 경우) 볼의 뒷면을
가로지르는 스윙을 하라. 접촉시 슬라이스 서
어브에 사이드스핀(Side spin)을 넣기 위해서
는 라켓으로 볼을 비껴쳐야 한다. 트위스트 서
어브(twist serve)는 복식에서 효과적이며 특
히 두 번째 서어브의 경우에 좋다. 그러나 좋
은 트위스트 서어브를 갖고 있지 않다면 슬라
이스에 충실하고 첫번째 서어브가 확실히 들어
가도록 하라.

3. 복식경기의 좋은 스타트는 강력한 첫서어브에 있다
(Start with your stronger server)

만약 당신 팀에 선택권이 주어진다면 먼저 서어브권을 택하여 유리한 고지를 점령하라. 상대 선수들이 몸이 천천히 풀리는 선수라는 사실을 만약 안다면 그때는 첫번째 경기에서 서어브로 기선을 제압하라. 팀의 두 선수 가운데 더 믿을 만한 선수가 첫번째 서어브로 들어가고 성공적인 첫 서어브를 넣는 데 집중하라. 에이스를 얻으려는 시도를 하지 말고 견실한 스핀 서어브를 넣어라(앞 페이지를 보라). 그리고 서어브를 따라 네트로 전진하라.

목적에 따라 서어브의 종류를 변경하라.

서어브는 듀스 코트에서 중앙 아래쪽으로 서어브에 스핀을 넣는다(사진 A). 그리고 네트를 향해 볼을 따라간다(사진 B, C).

4. 리시버의 백핸드 쪽을 노려라
(Go to the receiver's backhand)

초보자나 중류급 선수들의 대부분은 백핸드에 약할 것이다. 그러므로 백핸드 쪽을 겨냥하라. 그러나 가끔 리시이버가 백핸드 쪽으로 올 것이라는 예측을 하고 미리 백핸드 쪽으로 몸을 움직여 갈 것에 대비하여 한 번씩 포핸드 쪽으로도 보내라. 만약 오른손잡이를 만난다면 듀스(deuce or right hand) 코트(사진C) 중앙으로 보내고, 애드 코트(ad court)에서는 그 반대편으로 각도 있는 서어브를 구사하라. 중앙으로 서어브를 넣는 것은 상대의 반구각도를 줄이는 결과가 되고 왼쪽 코트(ad court)에서 각도가 깊숙한, 넓은 서어브를 구사할 때 그것은 리시버로 하여금 백핸드로 대각선 방향의 샷을 치도록 유도할 수 있을 것이다. 그것은 큰 각도를 가질 수 있기는 하나 치기 힘든 샷의 하나다.

5. 강한 결정력을 가진 선수가 백핸드 코트에서 임하라
(Put the bigger witter in the ad court)

  복식경기는 주의 깊은 팀웍을 필요로 하기 때문에 리시이버 위치를 결정하는 데도 시간이 필요하다. 더 좋은 포핸드를 가진 선수가 듀스 코트(혹은 포핸드 코트)에서만 항상 경기에 임할 수 있는 것도 아니며 백핸드를 잘 친다 해서 백핸드 코트(ad court)에서만, 임할 수 없는 것이 복식경기이다. 문제는 상대가 당신의 왼쪽 코트(ad court)로 서어브를 넣을 때 일어난다. 따라서 강한 샷 즉 볼의 조정력이 있는 선수가 어드밴티지 코트(ad court)에서 경기를 하고 반면 볼에 집착력이 강하고 끈질긴 선수가 듀스 코트를 지켜야 한다. 또한 중앙으로 오는 샷은 어느 한 선수가 받기로 미리 약속을 해 두는 것이 좋다. 일반적으로 상대가 친 볼로부터 코트의 대각선에 있는 선수는 그 볼이 자신에게로 올 것이기 때문에 그 볼을 잡아야 한다.

리시이빙 (Receiving)
리시이버는 백핸드를 코트의 대각선(Cross Court)으로 구사하여 응수하고(사진 D), 그리고 네트를 향해 돌진하기 시작하라(사진 E, F).

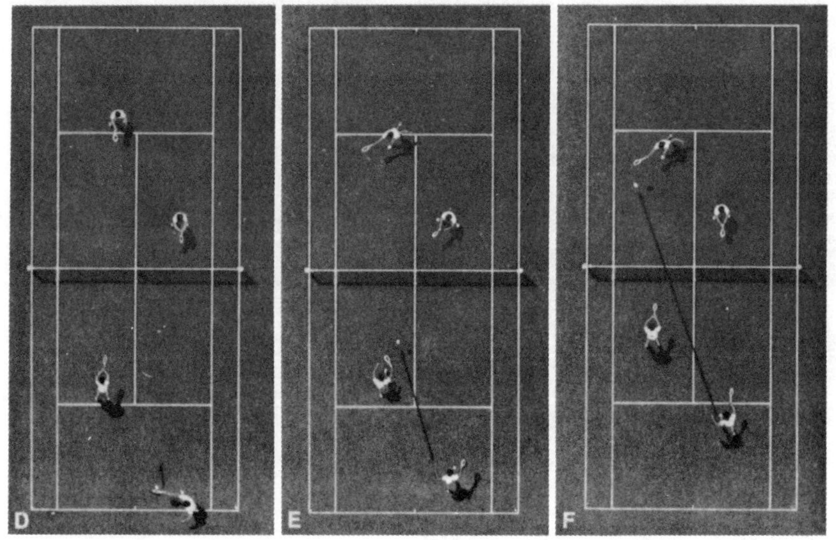

6. 무작정 전진하지 말라
(Don't move up to fast)

  훌륭한 복식경기의 열쇠는 네트를 점령하는 일이며 특히 서어브권을 가진 팀의 경우에 있어서 네트의 지배 여하에 따라 승패가 걸려 있다. 그러나 무턱대고 네트로 대시하지 말라. 달려가는 도중에 효과적인 샷을 구사할 수 있는 위치에서 벗어나 버릴지도 모른다. 서어브 후 네트로 전진할 때는 서어비스라인 쪽에서 순간적으로 전진속도를 줄여(사진 E) 리시이브의 리턴 샷을 보면서 이동해야 한다. 마찬가지로 리시이브하는 선수도 네트 쪽으로 접근할 때 순간적으로 속도를 약간 늦추어야 상대방의 응수에 대한 예측이 가능하다.

7. 코트의 대각으로 반구하라
(Return crosscourt)

　서어브를 받아 넘길 때 론 홈버그(Ron Ho-lmberg)가 여기서 보이는 시범과 마찬가지로 가능한 언제나 낮은 그라운드 스트로크로써 코트의 대각으로 보내고 볼은 네트를 향해 달려 오는 서어브의 발을 향해 떨어질 정도로 보내라. 그러면 그는 위쪽으로 향하는 발리를 하거나 아니면 당신에게 안정된 샷을 칠 수밖에 없을 것이며, 혹시 볼이 바운드 된다면 어려운 하프 발리를 할 수밖에 없다. 만약 상대의 강력한 서어브에 의해 넓게 끌려 나와 크로스코트로 효과적인 리턴 샷을 할 수 없을 경우 네트에 붙어 선 상대의 전위 뒤로 깊은 로브를 구사한다면 그 또한 점수를 얻는 좋은 방법이 될 것이다. 만약 빠른 발리로 당신의 대각선 스트로크를 가로채는, 즉 포우칭(poaching)에 능한 전위를 만났을 때가 아니면 라인을 따라가다가 떨어지는 패싱 샷을 하고 싶은 유혹을 물리쳐라. 패싱 샷은 확률이 낮은 샷인데 그것은 네트의 높이가 가장 높은 곳으로 볼을 쳐넘긴다는 것 자체부터가 그러하며 또한 상대의 발리에 쉽게 걸릴 가능성이 있는 샷으로서 종종 상대 전위의 견제를 위해서 사용되는 샷이다.

8. 첫 발리는 깊숙이 하라
(Send the first volley deep)

　서어브를 넣고 네트를 향해 볼을 따라갈 때 볼이 높게 돌아오면 가장 좋다(사진 G). 그것은 상대 선수의 발을 향해 바로 쳐보낼 수 있다. 그러나 만약 리시이버가 낮게 그리고 코트 대각선으로 반구를 한다면 당신은 로우 발리(low volley)로써 위로 칠 수밖에 없을 것이다. 그 상황을 어떻게 이용할 것인가? 만약 리시이버가 뒤에 있다면 그를 베이스라인 뒤쪽에 있도록 그의 옆쪽으로 깊숙한 발리를 보내라. 만약 리시이버가 들어오면 볼을 좀 약하게 맞추어 들어오는 그의 발에 떨어지도록 하며 그에게 다루기 힘든 샷을 보내라. 이때 당신은 발리를 상대의 전위(net man)에게로 보내서는 안 된다. 그에게 쳐올리는 발리를 보내면 위에서 아래로 보내는 강한 발리로 결정타를 허용하고 말 것이다.

결정타(Putting the ball away)
서어브는 약한 백핸드 발리(사진 H)로 반구하며 다가오는 리시이버에게 낮게 포핸드 발리(사진 G)를 친 후 네트에 접근하여(사진 I, J) 백핸드 발리로 결정타를 보내라.

9. 볼을 낮게 쳐보내 결정타의 기회를 포착하라
(Hit down for a winner)

　복식은 팀경기이기 때문에 한 파트너가 완전한 결정타를 가할 수 있는 상황을 만들기 위하여 파트너끼리 조화를 잘 이루어야 한다. 예를 들면 위에 든 일련의 예에서 서어브의 첫 발리(사진 H)는 리시이버로 하여금 위로 쳐올리는 발리를 유도하여 상대편의 발을 향해 낮게 가는 강력한 발리를 할 수 있는 것이다. 왜냐하면 리시이버가 위로 쳐올리는 발리를 하기 때문에 서어브는 네트 가까이 있을 수 있고(사진 I), 상대 선수들 사이로(사진 J) 점수를 얻기 위한 강력한 발리를 칠 수 있다. 그러므로 두 선수 중에 한 선수가 확실한 득점력 있는 샷을 칠 수 있는 상황을 만들 수 있을 때까지 시합에서 경기를 계속하는 상태로 만족하라. 상대 선수가 볼을 쳐올려 네트 위로 높은 볼이 올 때까지 기다리다가 그 기회가 오면 결정타를 날려라.

10. 발리의 조정력
(Control your volley)

　네트에서는 발리시 종종 힘보다는 오히려 조정력이 더 필요하다. 만약 볼을 너무 강하게 친다면 볼이 네트 높이보다 위에 머무를 것이고 상대 선수에게 아래로 쳐낼 기회를 제공한다. 목적은 상대 선수들의 허리높이 아래로 볼의 높이를 유지할 수 있어야 하고 그리하여 그들이 위로 쳐올리는 샷을 유도하면 당신에게 쉬운 샷의 기회를 제공해 줄 것이다. 만약 상대 선수가 둘 다 네트 가까이 있다면 볼에 약간의 속도를 줄이기 위해 백스윙을 짧게 하라. 그래야 볼이 그들 발쪽을 향하여 떨어질 것이다. 필요하다면 트라버트(Trabert)가 여기 하고 있는 것처럼 약간의 백스핀을 사용하라. 만약 상대 선수들이 베이스라인 상에 있다면 그들이 뒤에 있도록 좀더 깊숙이 칠 수 있을 것이다. 네트 높이보다 훨씬 높은 볼이 올 때만 볼을 강하게 칠 필요가 있고 그 외에는 강한 힘보다는 섬세한 조정력이 요구된다.

복식팀으로서의 성공 비결

복식경기에서 이긴다는 것은 혼자서 알 수 있는 것
보다 결과적으로 좀더 나은 테니스를 할 수 있도록 두
선수가 하나같이 콤비네이션이 잘 이루어짐을 의미한
다. 좋은 팀웍은 파트너를 아는 것 뿐만 아니라 팀으
로서 경기하는 원칙을 이해해야 할 필요가 있다.

1. 항상 나란히 서서 경기에 임하라
(Always play side by side)

복식경기의 필수 조건은 파트너끼리 하나의 단위로서 경기에 임해야 한다는 것이다.
그들은 가능한 한 언제나 좌우로 나란히 서 있어야 한다. 팀은 좌우로 함께 이동하여
야 하며 그럴 경우 파트너끼리 나누어 담당하는 부분은 12피트 정도의 거리에 불과할
것이다. 두 선수가 함께 앞으로 뒤로 혹은 옆으로 움직이게 하는 느슨한 로프와 같이
연결된 상태를 상상하라.

2. 서어브에 변화를 주어라
(vary your serve)

클럽수준에서 복식경기를 할 때 일반적으로 중시하는 규칙은 상대 선수들의 백핸드 쪽으로 서어브를 넣는다는 것이다. 왜냐하면 대부분의 주말 테니스 동호인들은 백핸드 쪽이 더 약하기 때문이다. 그러나 상대방의 약한 쪽으로 계속 서어브를 넣으면 약점을 강점으로 바꿀 수 있다. 만약 상대 선수가 듀스 코트에서 중앙으로 떨어지는 서어브를 예측하고 있을 경우라면 반구를 준비할 때 일찍 출발하기 위해 미리 그쪽을 향해 천천히 움직이기 시작할 것이다. 그래서 가끔 상대방이 강한 방향으로도 서어브를 보내야 한다. 상대 선수의 포핸드 쪽으로 몇 개 서어브를 넣는 것은 백핸드 쪽의 공격의도를 속이는 것이다.

서어브는 리시이버의 포핸드 쪽에 넓게 퍼져나가는 서어브를 구사하라 (사진 A, B). 리시이버는 방어적인 로브로 응수한다.

3. 서어비스 리턴을 주의 깊게 선택하라
(Choose your service return carefully)

볼을 받는 파트너는 서어브를 반구하는 데 있어서 네 가지의 선택을 가지고 있다. 즉 접근하는 서어버에게 코트의 대각으로 가는 크로스 샷을 하거나 라인을 따라가서 떨어지는 패싱으로의 응수, 상대의 베이스라인 쪽으로 깊숙한 수비형 로브를 구사하는 것, 또는 마주보고 네트를 지키고 서 있는 상대의 전위를 넘기는 공격형 로브를 치는 것이다. 가장 좋은 코스는 보통 크로스 코스로 치는 것이다. 그리고 만약 서어비스 반구를 발리로 처리하기 위해 끈질기게 옆으로 나와서 치는 즉 포우칭을 잘하는 전위를 만나면 라인을 따라 떨어지는 소위 패싱 샷으로 상대의 발을 묶어 놓아야 한다. 그러나 패싱 샷은 그 성공률이 낮다. 왜냐하면 그것은 네트의 가장 높은 부분을 넘어가서 목표로 한 코트의 면적이 좁아 사이드라인을 벗어날 가능성이 많기 때문이다. 만약 서어브를 반구할 때 뒤로 밀려나온 상태라면 세 번째 선택권—깊은 방어적인 로브를 구사해야 한다. 그것은 당신의 정위치로 되돌아 올 충분한 시간을 갖게 할 것이다.

4. 깊숙한 로브는 그라운드 스트로크로 응수하라
(Return a deep lob with a ground stroke)

만약 상대가 깊고 높은 로브를 시도한다면 바운드 되도록 충분히 기다렸다가 당신의 샷을 시도하라. 로브란 결국 코트를 넘어 아웃 될 가능성이 많은 샷임을 기억하고 완전히 바운드 되도록 기다렸다가 응수하라는 것이다. 그 결과로 바운드된 후 공의 속도가 느려질 것이므로 당신은 보다 여유를 갖고 정확한 샷을 구사할 수 있을 것이다. 그러나 꼭 강조해 둘 것은 상대의 깊숙한 로브에 응수하는 것은 위치상으로 네트와는 너무 먼 거리에 있음을 명심하고 무리하게 스매시를 시도하지 말라는 것이다. 네트로부터 먼 거리에서 스매시의 성공률은 아주 낮기 때문이다. 여기 세이사스의 시범과 같이 공이 바운드된 후 최정점으로부터 당신의 허리높이 정도까지 낙하할 때까지 충분한 여유를 갖고 기다리다가 가능한 강력한 그라운드 스트로크를 시도하라. 만약 당신이 네트 위로 낮게 비행하는 스트로크를 구사할 자신이 있다면 이때는 어떠한 위험도 고려할 필요가 없다. 당신은 당신 팀이 네트로 접근하기에는 너무나 먼 거리상에 머물러 있으므로 상대의 어떠한 타구에도 대비할 준비가 되어 있기 때문이다.

5. 전후로 함께 움직여라
(Cover the court together)

  만약 파트너가 매우 깊은 로브를 받아치기 위해서 베이스라인 쪽으로 후퇴해야 한다면 당신도 네트 앞에 남아 있어서는 안 된다. 만약 그렇게 한다면 당신과 파트너 사이에 상대 선수들 중의 한 사람이 여유 있게 샷을 구사할 수 있는 큰 구멍이 생길 것이기 때문이다. 그래서 파트너가 뒤로 물러나면 같이 뒤로 물러나라. 그런데 베이스라인 쪽으로 물러나는 것은 방어적인 위치로 만들어 주지만 상대가 짧은 샷을 보낼 경우 둘 중 한 선수가 짧은 볼을 받기 위해 전진할 때도 그 파트너 역시 같이 네트로 전진해야 한다. 복식은 항상 나란히 서서 전후로 움직이는 콤비네이션이 중요하다.

한 팀으로 임한다(Working as a team)

서어브를 넣은 팀은 물러나고 볼을 바운드하게 하여 리시이버에 의해 발리된 볼을 포핸드 드라이버(사진 D)로 반구를 시도한다(사진 E). 그의 샷은 상대편 코트 깊숙이 떨어지도록 쳐보낸다(사진 F).

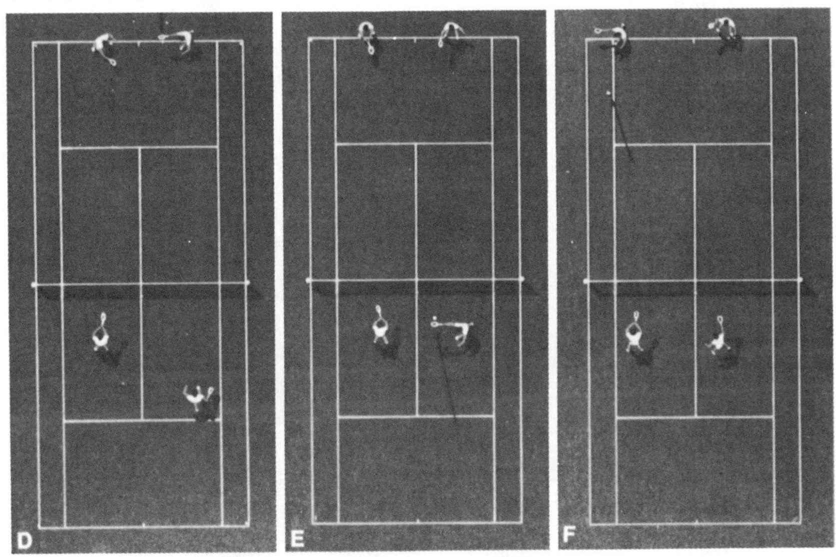

6. 나란히 서서 코트 좌우로 함께 움직여라
(Move across the court in tandem)

  당신과 파트너 둘 다 네트에 있을 때는 나란히 이동하여 상대방 샷의 방향과 각도를 예상하고 둘이서 상대의 샷을 막아내야 한다. 만약 듀스 코트에서 한 선수가 왼쪽으로 즉 크로스 코트로 발리를 했을 경우(사진 F), 상대는 아마도 왼쪽으로 패싱 샷을 시도하리라는 예측을 할 수 있다. 그럴 경우 그의 파트너는 그런 반구를 발리하기 위해 왼쪽 사이드라인 쪽을 향해 이동해야 한다. 물론 사이드라인 쪽으로 이동하되 코트의 중앙에서 어느 정도의 간격을 두면서 오른쪽에 있는 선수도 왼쪽으로 이동해야 한다. 복식경기에서 코트의 대각선으로 공방이 계속되면 양팀의 파트너는 계속 좌우로 움직이면서 방어각을 구축해야 한다.

7. 짧은 로브는 스매시로 결정타를 내라
(Smash for a winner off a short lob)

상대 선수가 사람이 없는(세칭 무인지대) 서어비스라인과 베이스라인의 중간 지점이나 네트와 코트의 중간 지점 사이에 떨어지는 낮은 로브를 칠 때마다 오우버헤드 스매시로 결정타를 내기 위해서는 전진해야 한다. 상대 선수가 당신의 스매시에 대비할 시간을 거의 갖지 못하도록 공중에 있는 볼을 재빨리 처리해야 하기 때문이다. 여기서 필요한 것은 상대가 당신의 스매시를 받아 방어적인 로브를 하는 데 어려움을 겪도록 볼을 되도록 코트 깊숙이 가도록 조정하는 것이다. 각도 있는 깊숙한 스매시는 곧 득점으로 연결될 것이다. 좋은 오우버헤드를 치는 것은 빠른 풋 워크(foot work)를 요구한다. 빠른 풋 워크로 다가오는 로브 뒤쪽에 미리 가 있을 수 있다. 상대방 코트로 예리하게 볼을 보내려면 약간의 손목 스냅으로 론 홈버그가 여기에 하고 있는 것과 같이 볼이 공중에서 낙하할 때 라켓 중앙에 볼을 맞힐 수 있도록 적당히 조정해야 한다. 또 하나의 문제는 스매시할 때 일반적인 그라운드 스트로크시의 습관으로 고개를 숙이는 경향인데 이러한 유혹에서 벗어나 시선은 계속 볼에 고정시켜야 한다는 사실을 잊지 말라.

8. 공격적인 로브를 시도할 적절한 상황
(When to lob offensively)

공격적인 로브는 상대 선수들을 놀라게 하는 동시에 샷을 적절히 사용하므로써 네트로부터 상대 선수들을 떼어놓는 데 훌륭한 무기가 된다. 공격적인 로브를 구사할 때는 상대 팀이 네트에 모여 있지 않을 경우에—패싱 샷을 구사할 수 있는 위치 즉 베이스라인보다 안쪽에 있어야 한다. 로브는 상대가 라켓을 뻗어 닿을 수 있는 범위를 지나도록 볼을 쳐올리되 마지막 순간까지 패싱 샷을 시도하는 것처럼 로브의 의도를 숨겨라. 상대 팀이 급히 뒤로 물러나서 어떤 종류의 반구를 준비할 시간을 거의 갖지 못할 지점에 볼이 떨어져야 한다. 만약 패싱 샷의 선택권이 없는 상황이라면 공격적인 로브를 사용할 생각은 하지 않는 것이 현명한 일이다.

로브의 이용(Using the lob)

서어버(Server)는 짧게 떨어지는 상대의 샷에(사진 H) 포핸드 로브를 시도한다(사진 G). 리시이버(receiver)에 의해서 결정적인 스매시가 이루어진다(사진 I).

9. 자신에게 오는 로브의 처리
(Take care of your own lob)

일반적으로 복식경기에 있어서 각 선수는 코트에서 자기 쪽으로 로브가 올 때 스매시를 하기 위해서는 뒤로 물러나야 한다. 이 규칙에 대한 예외로는 「어떠한 선수가 예외적으로 오우버헤드에 자신이 없을 때」, 「어떠한 선수가 네트에 매우 가까이 있고 그의 파트너가 아직 뒤에 있을 때(예를 들면 상대 리시이버가 서어브를 깊숙한 로브로 처리한 경우)」, 「혹은 바람이 옆에서 불어 볼의 좌우 비행 방향에 영향을 미칠 때」등이다. 만약 선수가 오우버헤드를 치기 위해 파트너가 책임진 코트면으로 침입한다면 그와 파트너가 볼을 향해 갈 때 서로 부딪치는 일이 없도록 큰소리로 '마인(mine)'이라고 말해 주어야 한다. 그리고 그의 파트너는 왼쪽에 비어 있는 코트 옆을 방어하기 위해 곧장 자신의 위치에서 반대쪽으로 이동해야 한다. 그러나 그 후 로브를 하기 위해 자신의 원래 위치로 되돌아오는 습관을 길러 두는 것이 좋다.

포우치의 비결

1. 서어브를 넣기 전에 결정하라
(Decide before your serve)

  포우칭—네트에 있는 사람, 즉 전위는 리시이버가 서어브를 대각으로 받아칠 때 발리를 하기 위해서 옆으로 뛰어갈 때는 민첩한 사고를 요구하며 특히 서어브권을 가진 팀에서는 빠른 발동작을 요구한다. 그래서 만약 리시이버가 서어브에 대해 리턴 샷을 코트의 대각으로 보낸다면 네트의 전위가 포우칭을 할 것인가에 대해 파트너끼리 사전에 협의하는 것이 중요하다. 어떤 복식 팀은 사인을 주고 받는다. 네트에 있는 선수는 등에 손을 얹고서 그가 포우치할 것인가 하지 않을 것인가를 주먹을 쥐었다 폄으로써 서어버에게 지시한다. 그러나 파트너들이 자리를 잡기 전에 말로써 결정하는 것이 더 좋다. 파트너끼리 일단 결정하면 그들은 결정에 따라 행동해 줘야 팀웍이 이루어진다.

  포우칭의 예
  다음 동작, 즉 서어버가 듀스 코트에서 친다(사진 A). 리시이버는 낮게 코트의 대각으로 리턴한다(사진 B, C). 전위는 포우칭을 시도한다.

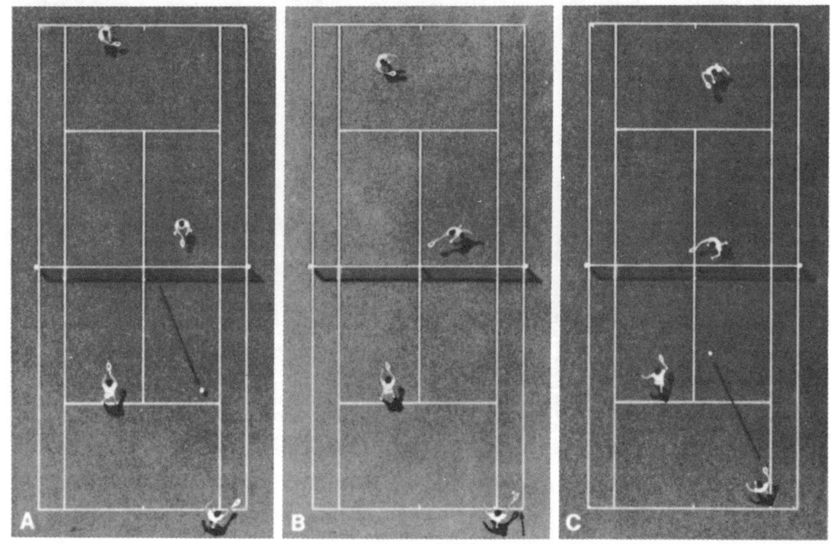

2. 코트의 빈 지역을 막아 주라
(Cover the empty court)

  전위가 서어브 리턴을 막기 위해 이동할 때 코트의 절반은 무방비 상태에 놓여 있다. 그래서 서어버는 서어브를 넣고 난 후 곧장 네트로 달려가는 대신에 몇 걸음 앞으로 나아간 후에는 파트너가 비워 둔 코트로 가야 하고 그러고 나서 코트의 중간쯤에서 네트를 향해 이동을 시작해야 한다. 물론 포우칭하는 사람은 서어브에 대한 리턴 볼을 발리로 처리한 후에 처음 서어브를 넣는 파트너의 코트를 커버해 주어야 한다. 이처럼 두 선수가 가위처럼 서로 반대로 움직여 줌으로써 상대 리시이버의 사이드라인을 따라 날리는 스트레이트성 반구에 대처할 수 있다.

3. 일찍 출발하라
(Get on early start)

　포우칭을 하려면 리시이버가 볼을 치는 그 순간 이동
해야 한다. 포우칭을 할 때는 체중을 앞쪽으로 기울이
고 날아오는 볼을 향해 팔을 뻗어낼 마음의 준비를 하
고 기다려라. 그러나 리시이버가 볼을 치기 전에 움직
여서 포우칭의 의도를 알리지 말라. 만약 리시이버가 포
우치하려는 것을 간파한다면 사이드라인을 따라 떨어지
는 패싱 샷으로 결정타를 보낼 것이다. 그래서 리시이
버가 볼에 라켓을 임팩트시킬 때까지 기다려라. 그러고
나서 만약 오른쪽으로 움직이면 왼발을 뻗고 상대의 반
구를 막을 준비를 하기 위해 빨리 몇 걸음 내디더라.
대부분의 선수들은 포핸드 쪽으로 포우치하는 것을 더
좋아한다. 왜냐하면 백핸드 발리보다 포핸드 쪽으로 뻗
는 것이 더 쉽기 때문이다. 그러나 포핸드나 백핸드 포
우치 어느 쪽이든 항상 상대의 라켓이 볼에 임팩트 되는
순간 미리 출발하라.

4. 상대의 포우칭에 대처하기 위해서는 뒤에 머물러라
(Stay back against a poacher)

상대의 전위 즉 네트 맨이 포우칭을 자주 시도할 때는 리시이버와 그의 파트너는 둘다 자기 위치를 지켜야 한다. 만약 리시이버의 파트너가 네트로 향해 이동한다면 포우칭을 하는 상대 선수는 리시이브 즉 전위의 발 아래로 떨어지는 받기 힘든 볼을 칠 수 있을 것이다. 또 만약 리시이브로써 서어브 리턴을 한 후 네트로 전진한다면—포우처는 그의 발이나 당신과 당신의 파트너 사이로 볼을 쳐보낼 수 있을 것이다.

볼을 끊어 쳐라 (Putting the ball away)

서어브를 넣은 선수가 무방비 상대의 코트를 막기 위해 전위 위치를 뒤쪽으로 가로질러 달릴 때 전위는 포우치하기 위해 옆으로 옮겨라 (사진 D). 포우치하는 전위는 확실한 득점을 올릴 수 있는 결정적인 발리를 한다 (사진 E, F).

5. 패싱 샷으로 상대의 포우칭을 견제하라
(Defend with a down-the-line shot)

만약 리턴을 계속 코트의 대각으로 구사하면 상대 팀은 그것을 예측하고 포우치를 시작할 것이다. 일단 상대가 포우치하기 시작하면 전위를 제자리에 묶어 두기 위하여 패싱 샷을 구사하라. 또한 당신은 전위의 머리 위로 공격성 로브를 시도할 수도 있을 것이다. 만약 상대의 전위가 당신이 효과적인 로브를 구사할 수 있다는 사실을 안다면 그것은 상대를 네트로부터 뒤에 있도록 할 것이고, 곧 상대의 성공적인 포우치의 기회를 박탈하는 결과가 될 것이다. 그러나 단지 포우처의 편에서 약간 움직인다 해서 반구에 대한 마음을 변경하지 말라. 크로스 코트로 샷을 할 것인가 라인을 따라 떨어지는 스트레이트성 샷을 할 것인가를 순간적으로 망설이다가 선택하는 경우에 실책을 범하기 쉬우므로 그것을 노리고 상대의 전위는 페인팅을 쓸지도 모르기 때문이다. 그래서 크로스나 스트레이트성 반구를 할 것이냐를 결정하고 나서는 상대를 의식하지 말고 과감하게 쳐라.

6. 과감하고 결정적인 포우치를 시도하라
(Hit down for a winning poach)

성공적인 포우치를 위해서는 네트보다 볼이
더 높게 있을 때 볼을 쳐야 한다. 그것은 볼
이 네트를 넘어오는 순간을 잡기 위해 네트
가까이로 접근해야 하는 것을 의미한다. 네트
에 가까이 가면 갈수록 볼은 더 높아지고 발
리는 더 쉬워진다. 그러나 샷을 할 때 라켓
으로 네트를 칠 정도로 가까이 가지 말라. 규
칙에 따라 샷 그 자체가 좋다 할지라도 실점
이 된다. 당신의 발리에 대처하고 있는 전위
의 발에다 그 목표를 두거나 아니면 상대 선
수가 어떤 종류의 반구를 해야 할지 문제가
되는 코트의 빈곳으로 치되 바로 점수를 얻
을 수 있도록 강한 발리를 구사하라.

승자가 되는 몇 가지 비결

1. 자기 팀의 장점을 잘 이용하라
(Use your team's strength)

어떤 수준에 있어서나 균형이 잘 잡힌 복식 팀에 있어서 한 선수는 보통 볼 감각에 더 낫거나 정확성이 있다. 반면에 다른 선수는 더 강력한 힘으로 친다. 그러한 경우에 있을 때 팀은 볼 감각이 뛰어난 선수를 상대 팀으로 하여금 방어적인 샷을 하도록 유도해서 강한 샷을 구사할 수 있는 파트너가 결정타를 날릴 수 있는 것이다. 자기 팀이 리시이브하는 상태에서 더 강한 선수는 왼쪽 코트를 지키고, 반면에 볼 감각이 뛰어난 선수는 듀스 코트에서 경기하는 것이 가장 좋은데 그렇게 하므로써 승리를 위한 결정적인 점수를 얻는데 책임성 있게 대처할 수 있을 것이다.

네트에 네 명의 모든 선수들이 중간지점에 있을 때의 상황; 선수 1은 짧게 떨어지는(사진 B) 부드러운 샷을 쳐서(사진 A), 선수 2가 위쪽으로 쳐올리는, 즉 네트 위로 떠오르는(사진 C) 샷을 유도한다.

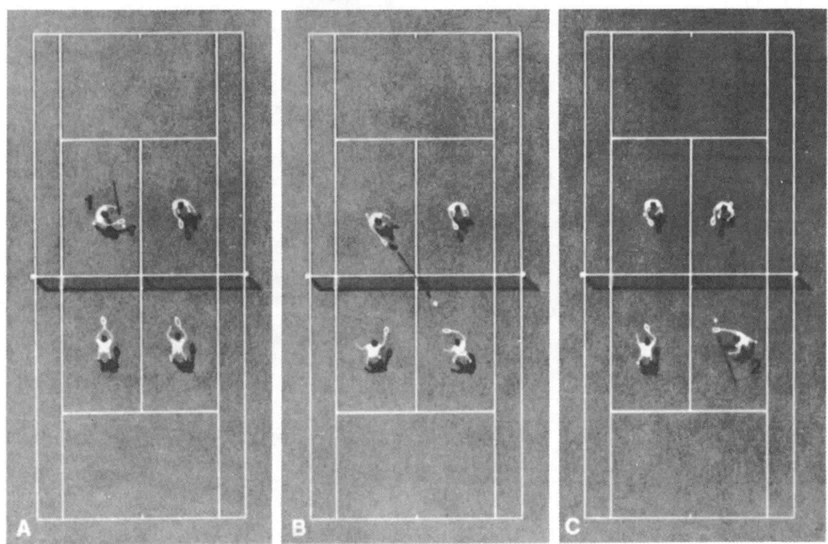

2. 볼에서 시선을 잃지 말라
(Watch the ball)

네 명의 모든 선수들이 네트에 있을 때는 샷이 너무 빠르기 때문에 거의 본능적인 반응으로 대항한다. 그러나 반사작용이 아무리 빠르다 할지라도 볼에 시선을 고정시키지 않으면 볼을 정확히 칠 수가 없을 것이다. 네트에서 다른 선수가 아니라 아주 열심히 볼에 주의를 집중하면 만약 볼이 공중으로 날아올 때도 볼에 스핀이 없는 한 볼 위에 붙어 있는 글자까지도 읽을 수 있을 것이다. 만약 볼을 몸보다 앞쪽에서 바깥으로 쳐내려는 노력을 계속하다 보면 볼에 대한 시선의 접촉이 좋아진다는 것을 알게 되겠지만 만약 늦게 쳐서 옆에서 치게 될 경우에는 볼을 정확히 본다는 것이 어렵기 때문에 실책이 많아질 것은 뻔하다.

3. 샷의 목표를 상대의 발에 두라
(Hit at your opponent's feet)

네 명의 모든 선수들이 네트에 있을 때 득점 샷을 만들기 위해 상대 선수의 발을 겨냥하여 볼을 짧게 쳐라. 발리를 강하게 하는 것 대신에 되도록이면 볼이 네트를 넘고 난 후 볼이 예리하게 떨어지도록 약간의 언더스핀을 걸어 주어라. 볼이 네트를 넘어가면서 낮게 떨어지면 상대 선수는 어쩔 수 없이 위로 쳐올리는 발리를 할 수밖에 없을 것이다. 그러면 당신과 파트너는 결정적인 발리의 기회를 잡을 것이다.

4. 로우 발리를 하려면 자세를 낮추어라
(Get down for a low volley)

상대 선수가 네트의 꼭대기 아래로 내려가는 낮은 샷을 칠 때 당신도 어쩔 수 없이 위로 쳐 밀어올리는 발리를 할 수밖에 없다. 그러나 당신이 수비적인 위치에 있지만 볼이 네트를 아주 낮게 넘어가도록 하면 상대가 여유 있게 강한 발리를 하지는 못할 것이다. 그러한 샷을 치기 위해서는 시선을 볼이 낙하하는 곳 가까이까지 가져가야 하는데 그러기 위해서는 자세를 아래로 낮추어야 한다. 무릎을 구부리고 라켓의 머리 부분이 위로 향하도록 하라. 볼을 견고하게 쳐라. 그러나 이때는 긴 백스윙도 폴로우 드루도 필요없다. 만약 볼을 너무 강하게 친다면 볼이 네트 위로 솟아올라 상대 선수들이 쉬운 몸가짐을 가질 것이지만 볼이 네트 위로 넘어가도록 하는 데 주의를 집중하라.

5. 당신으로부터 가까이 있는 상대를 겨냥하라
(Aim at the closest opponent)

상대 선수들이 네트 위로 높게 뜨는 샷을 하도록 유도한 후 발리로 점수를 얻을 수 있는 위치에 있어야 한다. 만약 상대 선수들이 네트에 훨씬 가까이 있다면 가장 가까이 있는 선수의 발을 향해 발리하라. 대부분의 선수들은 발을 향해 오는 강한 샷을 받아내지 못한다. 위로 낮게 넘어오는 타구는 항상 멀리 떨어져 있는 상대 선수에게 볼을 겨냥하여 쳐야 한다. 볼은 멀리 날아갈 것이고 갈수록 볼이 낮게 떨어지면서 갈 것이므로 상대가 볼을 칠 때쯤에는 더 낮은 볼이 될 것이기 때문이다.

득점타; 볼이 네트를 넘어갈 때(사진 D), 선수 3은 결정타를 내기 위해 중앙으로 이동한다(사진 E).

복식경기 전략의 요점

1. 첫번째 서어브는 스핀을 가하여 깊숙이 넣어라.
2. 서어브의 발 쪽에 낮게 대각선으로 서어브 리턴을 하라.
3. 파트너와 함께 앞으로, 뒤로 그리고 옆으로 코트를 방어하기 위해 나란히 이동하라.
4. 항상 네트 위치를 조절하라.
5. 상대 선수들에게 위로 떠오르는 샷을 하도록 유도하라.

강력 서어브에 대한 대책

서어브 리턴을 위해 뒤로 물러서라
(Retreat to return serve)

시간상 당신의 라켓이 겨우 볼에 닿을 수 있을 정도의 강하고 깊숙한 서어브를 구사하는 상대를 만났을 때는 보통 상대와 경기할 때보다 뒤로 한두 걸음 더 물러나라. 이 거리는 당신이 위치를 잡고 스트로크할 수 있는 시간을 제공할 것이다. 그리고 긴 백스윙을 할 필요가 없을지 모른다. 그것은 강한 상대의 서어브 속력을 역이용할 수 있기 때문에 무리하게 힘을 넣어 강한 리턴 샷을 할 필요가 없기 때문이다. 그런데 물러나는 것은 볼을 치기 전에 물러나되 앞으로 이동할 준비를 하라. 왜냐하면 능란한 서어버는 당신으로 하여금 반구를 위해 앞으로 뛰어오도록 네트 가까이에 짧은 서어브를 떨어뜨리려고 할지도 모른다. 강한 서어브에 대처하기 위해서는 뒤에 서라. 그러면 어려운 상대 서어버를 다루기가 훨씬 더 쉬워짐을 알게 될 것이다.

전위를 넘기는 로브를 구사하라
(Lob over the net player)

만약 상대 팀 중의 한 선수가 서어브를 잘 넣고 성공적으로 네트에 접근해 온다면 종종 서어버의 파트너 머리 위로 로브를 보내라. 전위의 뻗은 팔과 라켓을 벗어날 정도의 공격적인 로브를 사용하라. 보통 다른 팀이 잘못된 길을 가고 있다는 것을 포착할 것이다. 네트로 돌진하는 대신에 로브를 막기 위해 뒤로 급히 움직여야 할 것이다. 잘하면 바로 점수를 얻을 수도 있다. 적어도 상대 선수에게 공격을 계속하도록 용인하는 대신 상대를 방어적인 상태로 만들 것이다. 서어브를 넣는 사람은 서어브 후 발리를 하는 소위 서어브 엔드 발리 전법을 계속하는 데 관하여 재고해 볼 여지가 있다.

좋은 서어브 리턴의 상대를 공략하는 방법

뒤로 머물러서 그라운드 스트로크로 상대하라
(Stay back and hit a ground stroke)

당신이 서어브를 한 후 네트로 들어갈 때 상대 리시이버가 당신의 발을 겨냥하고 끈질긴 반구를 한다면 당신이 네트로 치고 들어가는 데 문제가 발생할 것이다. 만약 발리하기 위해 네트 쪽으로 충분히 다가가지 못한 상태에서 어려운 하프 발리를 쳐야 한다면 당신은 베이스라인 뒤에 머물러서 역으로 당신이 리시이버의 발 쪽을 향해 크로스로 스트로크를 하는 수밖에 없다. 그것은 리시이버가 당신의 서어브를 반구한 뒤 네트로 달려오는 것을 막을 수 있다. 만약 리시이버가 반구한 뒤에 들어올려고 한다면 낮은 크로스 코트 샷을 구사하여 상대가 낮은 곳에서 밀어 쳐올리는 로우 발리밖에 할 수 없도록 하라. 그래서 당신의 서어브에 대한 훌륭한 리턴 샷을 구사하는 리시이버를 만났을 때는 뒤에 머물러서 가장 강한 스트로크로 상대를 공략하라.

오스트레일리언 포메이션을 이용하라
(Use the Australian formation)

　만약 크로스 코트로 오는 상대의 서어브 리턴이 아주 낮게 와서, 발리를 위해 들어오는 서어버가 볼에 라켓을 가져가는 데 시간적으로 어려움을 겪는다면 서어버의 파트너는 네트의 좌우 절반쯤 되는 지점에 위치하도록 하라. 이렇게 서는 것을 오스트레일리언 포메이션이라고 한다. 전위는 대적하고 있는 상대 전위의 바로 뒤로　대각 발리를 할 수 있는 자리에 있게 될 것이고 아마도 점수를 쉽게 얻을 수 있을 것이다. 보통 결과는 리시이버가 사이드라인 쪽으로 돌아가 받도록 하므로써 설사 달려간다 해도 실책률이 높은 어려운 샷을 할 수밖에 없을 것이다. 복식팀이 오스트레일리언 포메이션을 사용할 때 서어버는 사이드라인을 따라 비행하는 상대의 스트레이트성 리턴 샷을 받기 위해 서어브 후 코트의 절반, 즉 무방비 지역인 자신이 서어브를 넣은 사이드의 반대쪽으로 달려갈 수 있도록 센터 마크 가까이 서 있어야 한다. 오스트레일리언 포메이션의 목적은 효과적인 크로스 리턴 코트 샷을 되받아치는 것이고 또한 스트로크하는 자리에서 리시이버를 끌어내는 것이다. 그것이 행하여졌을 때 서어브하는 팀은 보통의 포메이션으로 되돌아갈 수 있다. 오스트레일리언 포메이션에 대해 방어를 하기 위해서는 믿을 만한 패싱 샷으로 서어브 리턴을 하거나 서어버에 의해 텅 빈 코트 한 부분을 향해 전위의 머리 위로 흐르는 빠른 로브로 대처해야 한다. 특별한 포메이션으로 인하여 혼동케 하지 말고 행동과정을 결정하고 그것에 충실해야 한다.

LEFT-HANDERS
왼손잡이 선수들

왼손잡이 선수들의 시합, 경기 운영법, 반격하는 법

세월을 통해 볼 때 모든 것, 즉 가위나 손목시계에서 변속지레나 학교 책상에 이르기까지 오른손잡이에 맞게 제작된 것처럼 왼손잡이들은 종종 무시되어져 왔다. 그러나 왼손잡이들은 필적할 만한 능력의 오른손잡이와 경기를 할 때 그들만이 갖는 유리한 장점을 살려 테니스 코트에서 복수를 한다.

오른손잡이는 왼손잡이 선수의 슬라이스 서어브가 오른손잡이 상대와는 다른 커어브를 그린다는 것을 발견하며 포핸드 또한 오른손잡이와는 반대라는 것 등 그래서 왼손잡이는 단지 정상적인 경기를 하지만 만약 그가 물론 다른 왼손잡이 상대 선수를 만나지 않는다면 그의 시합은 자신의 조정력 하에 든다.

다음 페이지에서 우리는 왼손잡이 선수의 유리한 점을 어떻게 이용할 것인가를 보여 줄 것이다. 우리는 또한 맞은편 페이지에서 오른손잡이가 어떻게 전형적인 왼손잡이 선수의 특수한 장점을 공략할 것인가에 관하여 설명할 것이다.

왼손잡이인 경우

▌서어브▐ 당신의 타구에 스핀을 걸어라
(Spin your deliveries)

왼손잡이는 좋은 슬라이스 서어브를 연마하고 특히 두 번째 서어브에는 강한 슬라이스성 스핀이 필요하다. 왜냐하면 오른손잡이가 다른 오른손잡이를 맞이할 때 익숙해 왔던 것과는 정반대로 돌아 들어가기 때문이다. 이때 당신은 상대의 준비가 서투른 점을 볼 수 있을 것이다. 자연적으로 왼손잡이는 대다수의 서어브를 오른손잡이의 약점—보통 백핸드를 겨냥해야 한다.

예를 들면 어드벤티지 코트의 왼쪽에 서어브를 넣을 때(오른쪽 그림을 보라), 상대 선수를 그의 백핸드 쪽 코트에서 넓게 끌어내기 위해서는 단식 사이드라인 가까이를 겨냥하는 것이다. 그러나 듀스 코트에서 서어브를 넣을 때는 대부분의 서어브가 리시이버의 몸 쪽을 파고들어 포핸드 스트로크에 어려움을 겪도록 서어브를 사이드라인 가까이로 겨냥해야 한다.

▌서어브 리턴▐ 다양한 리턴을 하라
(Mix things up)

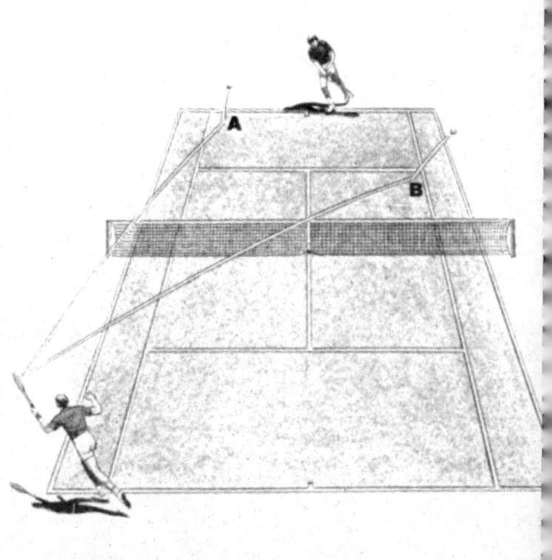

오른손잡이 서어버와 만났을 때는 당신의 포핸드 쪽으로 오는 서어브를 많이 받을 것이다. 오른손잡이 선수들은 오른손잡이 상대와 싸우던 버릇이 습관화되어 있기 때문이다. 오른손잡이 상대에게는 백핸드 쪽을 겨냥하는 데 익숙하기 때문이다. 그래서 상대 선수가 왼손잡이인 당신의 포핸드로 보내는 그런 잇점을 살려 다양한 서어브 리턴을 구사하므로써 상대를 최대한 괴롭혀라.

상대 선수가 뒤에 있을 때 가장 안전한 반구는 크로스 코트로 깊숙이 보내는 것이다. 그러나 어드벤티지 코트에 있을 때 가끔 라인을 따라가는 스트레이트성 볼을 보내라(오른쪽 A를 보라). 크로스 코트로 각도 있는 샷을 쳐라(B). 서어브 반구 때 모든 각도를 이용하므로써 상대가 여러 가지를 생각하게 되어 아마도 서어브를 넣고 네트로 전진하는 데 주저하게 될 것이다.

왼손잡이의 공략

▌서어브▐ 서어브의 위치에 변화를 주어라
(Change your placement)

　　왼손잡이 선수에게 서어브를 넣을 때 서어브 때마다 대부분 위치를 바꾸어야 한다는 사실을 기억하라. 예를 들면 상대가 약한 백핸드 쪽을 겨냥하여(오른손잡이에게) 듀스 코트의 중앙으로 서어브를 넣는 대신에(오른쪽 그림 A), 왼손잡이의 백핸드 쪽인 듀스 코트에 넓게 휘어지는 슬라이스 서어브를 구사하라(오른쪽 그림 B). 마찬가지로 왼쪽(ad) 코트에서 넣는 대부분의 서어브는 왼손잡이인 상대 선수가 비교적 약한 백핸드를 가지고 있다면 중앙으로 보내야 한다.

　　많은 왼손잡이 선수들이 강한 포핸드를 갖고 있는 경우가 많은 데도 오른손잡이는 습관적으로 그쪽으로 치는 경향이 많다. 그래서 대부분의 서어브 경우에 포핸드 쪽을 피하는 것이 도움이 될 것이다.

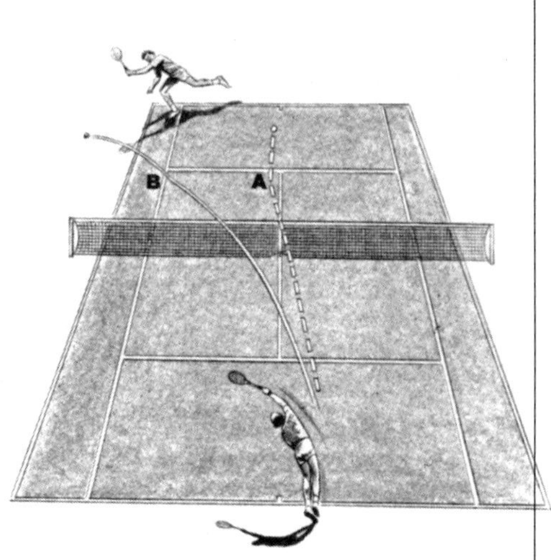

▌서어브 리턴▐ 볼과의 거리를 유지하라
(Stay away from the ball)

　　왼손잡이 선수에 대항하여 서어브 리턴을 한다는 것은 마치 바람이 불 때 볼을 치는 것이나 마찬가지로 볼이 각각 다르게 온다. 단식 사이드라인 가까이의 듀스 코트에서 왼손잡이가 슬라이스 서어브를 할 때(오른쪽을 보라), 볼은 오른손잡이의 슬라이스 서어브가 사이드라인 밖으로 벗어나는 것(braek away)과는 반대로 몸쪽으로 커어브를 그리며 들어온다. 몸쪽으로 파고드는 볼은 보통 때 당신의 서어브 리턴을 여러 각도에서 제한하므로써 균형 잃은 스트로크가 되고 말 가능성이 있다.

　　그래서 서어브를 받기 위해 기다리고 있는 장소를 바꾸어 볼에서 떨어져 있어야 한다. 듀스 코트에서 오른쪽보다는 센터 마크 쪽에 한두 걸음 더 가까이 서고 왼쪽 코트에서는 단식 사이드라인 쪽으로 더 가까이 서라.

왼손잡이인 경우

█ 그라운드 스트로크 █ 당신의 포핸드를 잘 사용하라
(Use your forehand)

많은 왼손잡이는 백핸드보다 훨씬 더 나은 포핸드를 가지고 있다. 만약 포핸드가 강력한 무기라면 가능한 한 많이 사용하라. 대부분의 서어브가 포핸드 쪽에 오도록 옆으로 조금씩 움직임으로써 서어브를 받기 위해 기다릴 때 상대가 포핸드 쪽으로 서어브를 보내도록 유도하라.

만약 두번째의 약한 서어브가 백핸드 쪽으로 오면 오른쪽으로 이동하여 좀더 강력한 포핸드로 서어브를 받아 쳐라. 만약 포핸드 시 톱스핀을 사용한다면 특히 패싱 샷인 경우에 더욱 멋진 경기를 펼칠 수 있다. 톱스핀은 볼이 코트 밖으로 벗어나는 위험이 없이 원하는 포핸드를 강하게 쳐 보내는 데 도움을 줄 것이다. 그러나 지나치게 포핸드에만 의존하지 말고 백핸드도 활용하라.

기렐르모 빌라스

█ 어프로우치 샷 █ 볼을 깊숙이 보내라
(Send the ball deep)

일반적으로 네트를 향해 나아갈 때 방어할 각도를 갖기 위해서 라인을 따라 떨어지는 포핸드 어프로우치 샷을 치는 것이 가장 좋다. 크로스 코트 어프로우치 샷은 상대가 반격시에 라인을 따라 떨어지는 패싱 샷을 할 수 있게 되기 때문이다. 그러나 왼손잡이로서 라인 쪽으로 포핸드 어프로우치 샷을 하면 강한 패싱 샷으로 응수할 수 있는 오른손잡이의 포핸드 쪽으로 갈 것이다.

그러므로 어프로우치 샷을, 적당한 발리 자세를 취할 수 있는 여유를 갖도록 깊숙이 쳐라. 라인 쪽으로 가는 백핸드 어프로우치 샷은 또한 강한 패싱 샷의 가능성이 적은 오른손잡이의 백핸드로 갈 것이다. 그러나 가장 중요한 사실은 어프로우치 샷은 어느 쪽을 선택하건 깊숙이 넣어야 한다는 것이다.

지미 코너즈

왼손잡이의 공략

■그라운드 스트로크■ 상대의 약점을 노려라
(Go for the weakness)

베이스라인에서 왼손잡이와 경기를 할 때 확률이 높은 샷을 이용하라. 그라운드 스트로크를 깊숙이 하고 대부분의 스트로크를 크로스 코트로 보내라. 포핸드 쪽에서(오른쪽을 보라), 코트의 대각으로 보내는 깊숙한 샷은 일반적으로 더 약한 쪽인 왼손잡이의 백핸드 쪽으로 갈 것이다. 만약 백핸드 시 왼손잡이를 옆으로 넓게 이동시킬 수 있다면 상대는 실수를 유발하거나 당신이 결정타를 낼 수 있는 약한 리턴 샷을 할 수밖에 없을 것이다.

당신의 백핸드를 깊숙이 보내는 것 또한 상대 선수를 베이스라인 뒤쪽에 있도록 한다는 점에서 중요하다. 왜냐하면 당신이 왼손잡이의 포핸드 쪽으로 짧은 샷을 보냈을 경우 그는 포핸드로 어프로우치 샷을 시도할 것이기 때문이다.

■어프로우치 샷■ 백핸드 쪽을 쳐라
(Hit to the backhand)

대부분의 오른손잡이는 특히 포핸드쪽 라인을 따라 상대에게 백핸드가 되게끔 어프로우치 샷을 시도하는 것을 더 좋아한다. 그러나 왼손잡이에게 라인을 따라 비행하는 포핸드 어프로우치 샷은(오른쪽 그림 A), 그에게 가장 강한 쪽인 포핸드 쪽으로 갈 것이다. 그래서 만약 비교적 약한 백핸드를 갖고 있는 왼손잡이와 경기를 한다면 대개 약한 쪽으로 어프로우치 샷을 보내라.

포핸드 어프로우치 샷으로서 크로스 코트로 보내라(오른쪽 그림 B). 그러나 라인을 따라 흐르는 백핸드 패싱 샷이 왼손잡이 상대의 특기인지도 알 수 없는 일이므로 친 후 중앙선에서 약간 왼쪽으로 이동하라. 물론 백핸드 쪽에서 어프로우치 샷을 시도하는 경우에는 왼손잡이의 백핸드 쪽으로 라인을 따라 떨어지는 스트레이트성 샷을 하면 된다.

연습과 컨디션 조절

당신의 테니스 플레이를 어떻게 개선시켜 갈 것인가

프로 선수들과는 달리 대부분의 보통 테니스 선수들은 매일 여러 시간 동안 운동할 수 없다. 그래서 훌륭한 테니스 경기력을 원한다면 코트 안에서나 코트 밖에서나 항상 연습하는 습관을 길러야 하고 규칙적인 개선 프로그램으로 경기력을 향상시켜 나가야 할 것이다. 이 장에서는 파트너와 코트에서 연습하는 방법, 집에서나 혹은 코트를 이용할 수 없을 때 연습하는 방법, 보통 발전적인 프로그램의 부분을 형성해야 하는 몇 가지 특수한 테니스 연습 방법 등을 소개하였다. 이 방법을 익힘으로써 보다 훌륭한 선수가 될 수 있음을 확신한다.

경기력 향상을 위한 여섯 가지 비결

테니스를 향상시키는 가장 빠르고 확실한 방법은 초보자이든 순회하는 프로선수이든 간에 많은 연습을 하는 것이다. 그러나 연습은 목적을 가지고 있어야 한다. 코트에 나와서 단지 베이스라인에서 베이스라인으로 볼을 치는 것만으로는 무의미한 것이다. 의미 있는 연습을 위해서는 시합의 특수한 부분을 활용하고 되도록이면 진보를 측정하는 몇 가지 방법을 가지고 있어야 한다.

그러면 연습하는 가장 좋은 방법은 무엇일까? 다음 페이지에서 고문 위원회는, 거의 어떠한 시합의 수준에서나 선수들에게 가장 도움이 될 만하다고 느끼는 여섯 가지 코트 위에서의 연습과정을 제시하고 있다. 각 구성원은 대부분의 경우에 있어서 오랜 기간 동안 테니스를 가르친 후 각자가 습득한 가장 좋아하는 일상의 과정을 기술하고 있다.

빅 세이사스

상호 도움이 되는 스트로크 훈련을 하라
(Drill with complimentary stroke)

연습기간에 있어서 한 가지 특정한 샷에 열중하고 싶으면 파트너에게도 동시에 도움이 되는 샷을 연습할 수 있도록 일정한 계획을 세워라. 예를 들면 만약 서어브를 연습하고 싶으면(위의 그림), 그것은 파트너에게 서어브 리시이브 연습의 좋은 기회를 제공한다(아래의 그림). 스트로크 하는 데도 엄밀히 중점을 두어 포핸드 혹은 백핸드 둘 중 어느 방향으로 겨냥할 것인지를 파트너에게 미리 말하라. 그러고 나서 서어브와 리시이브를 교대하면 한 사람이 그 두 가지 연습도 가능하다.

토니 트라버트

샷을 헤아림으로써 계속적인 발전을 꾀하라 (Develop consistency by counting shorts)

주말에 테니스를 즐기는 일반 선수들은 단지 시합에서 스트로크를 계속하는 데 어려움을 겪는다. 이 연습과정은 경쟁적인 방법으로 일관성을 형성하는 데 도움을 줄 것이다.

실수를 하지 않고 네트 위로 볼을 계속해서 몇 번 쳐넘길 수 있는지를 시험해 보라. 계속 헤아리면서 자신의 기록을 깨뜨릴려고 노력하라. 처음에는 단지 볼을 서너 번 받아 쳐넘길 수밖에 없겠지만 곧 50초, 100초를 초과하면서 실수 없이 계속적인 스트로크를 할 수 있게 될 것이다.

코트의 대각으로 보내는 포핸드(위의 그림)로 시작하고 나서 코트의 대각으로 가는 백핸드 연습으로 교대하라(아래의 그림). 후에 연습 파트너를 코트 주위로 이동시킬려고 할 수 있는 것이다. 빠른 준비와 견고한 힛트(hit) 그리고 훌륭한 폴로우 드루를 하는 데 집중하라. 파트너에게 이기겠다는 생각을 하지 말고 대신에 시합에서 신뢰할 수 있는 안정되고 일관성 있는 샷을 익히는 데 집중하라.

론 홈버그

당신의 약한 샷을 보완하라
(Work on your weakest shots)

대부분의 연습시간은 자신이 좋아하지 않는 샷의 연습에 할애해야 한다. 왜냐하면 그것들은 보통 경기에서 가장 취약한 부분이기 때문이다. 예를 들면 대부분 주말의 선수들은 오우버헤드에 자신이 없기 때문에 득점기회인 로브를 그냥 바운드시켜 그라운드 스트로크로 처리하는 경우가 많다. 파트너로 하여금 네트 가까이 쉬운 몇 가지 로브를 올리게 하라. 그래서 공중에 있는 로브를 바로 스매시할 수 있는 능력을 길러라(위의 그림).

만약 네트 플레이가 약하다면 파트너로 하여금 많은 연습구를 준비시켜 발리하기에 충분하도록 느린 볼을 계속해서 보내게 하라(아래의 그림). 약점은 연습으로 보완하라. 그러나 강점을 계속 얼마간은 연습해야 함은 물론이다. 강점도 그냥 두면 약점이 되고 약점도 충분히 발전시키면 강점이 되기 때문이다.

로이 에머슨

코트의 절반을 이용해서 연습하므로써 정확성의 진보를 꾀하라 (Improve your accuracy with half-court drills)

경기력을 향상시켜 주는 여러 가지 코트 절반을 이용한 훈련법(half-court drill)이 있지만 나는 한 선수가 서어비스 박스 안쪽에서 발리하는 위치에 있고 다른 선수가 반대편 코너의 베이스라인에 있는 방법이 더 좋다고 생각한다(위의 그림). 발리하는 사람은 모든 샷을 코너 깊숙이 보내려는 노력을 하는 반면에 베이스라인에 있는 사람은 발리하는 사람을 상대로 패싱 샷 연습을 하라.

이러한 방법으로 시합처럼 스트로크를 계속하거나 또는 일종의 미니테니스를 즐길 수 있다(여기에서 코트의 어두운 지역은 없는 것으로 생각하라). 그리고 때에 따라 아래의 그림처럼 포핸드 코너만으로 연습을 변형하되 파트너와 서로 위치를 교대하라.

조지 라트
훌륭한 복식을 위해서는
2 : 1로 연습하라　(Play
two-on-one for better doubles)

　복식을 연습하는 가장　좋은　방법은 시합을 직접하는 방법이지만 선수가 세 명뿐이라면 2 : 1 (two-on-one)로　연습을 함에 따라 몇 가지 이점이 있다. 즉 두 명의 선수는 베이스라인에 서고 한 선수는 그 두 선수의 스트로크를 받아 네트 플레이어로서 발리연습을 하는 것이다. 그런데 여기서 네트 플레이어는 발리를 깊숙이 보내는 데 집중하라. 그렇게 해야 스트로크가 계속 이어질 것이다.

　네트 앞에 선 선수의 발리가 정확하게 베이스라인에 있는 사람에게 주어졌다면 베이스라인에 있는 사람은　더 빠른 속도의 볼이나 혹은 가끔 로브를 침으로써 그를 패스할 수 있다. 특히 2 : 1의 연습형태는 네트 플레이어에게 너무 부담이 커서 힘이 들므로 자주 교대하면서 연습해야 한다.

빌 프라이스

탁구 스코어식으로 카운트하면서 그라운드 스트로크 연습을 하라
(Use table tennis scoring
for ground stroke)

그라운드 스트로크를 계속하고 싶은 선수들에게 나는 종종 탁구처럼 21점까지 카운트를 하면서 연습에 임해 볼 것을 권한다. 그렇게 할 경우 부드러운 스트로크를 계속하는 습관이 붙게 될 것이며 그것은 곧 그라운드 스트로크시에 원하는 깊이로 볼을 칠 수 있는 조정력을 길러 주는 결과가 될 것이다. 또 당신이 연습하고자 하는 스트로크에 따라 모두 크로스코트로(위의 그림) 혹은 모두 스트레이트로(아래의 그림) 보내는 샷을 시합에서 자유자재로 구사할 수 있는 능력이 갖추어질 것이다.

초보자는 보통 서어브를 넣고 볼이 낙하하는 위치에 스트로크를 보내는 방법을 권하고 싶고 조금 수준 있는 선수들은 서어비스라인과 베이스라인 중간쯤에 선을 그어 두고 거기에 떨어지는 볼을 치는, 보다 어려운 연습방법을 택하도록 권한다.

코트 밖에서도 할 수 있는 연습

테니스 기술을 향상시키는 가장 좋은 방법은 파트너와 함께 코트에서 규칙적으로 연습하는 것이다. 그러나 만일 코트 안에서 연습할 기회가 없다면 이 페이지에 보여진 간단한 코트 밖의 일상연습으로 시합의 부분을 빛나게 보완할 수 있다.

만약 코트 밖에서 하루에 몇 분씩이라도 일상연습 중의 여러 부분을 연습하게 된다면 코트로 돌아왔을 때 더 나은 시합을 할 수 있음을 곧 알게 될 것이다.

1. 거울을 이용해서 당신의 스윙을 교정해 가라
(Use a mirror to check your swing)

빅 세이사스가 여기에 하고 있는 것과 같이 스트로크를 계속할 때 몸 전체가 보일 수 있도록 커다란 거울 앞에 서라. 백스윙을 할 때 완전히 백스윙된 상태와 임팩트 지점, 그리고 폴로우 드루를 끝냈을 때 등 각각 라켓의 위치를 점검하라. 볼을 치는 올바른 방법에 대하여 마음속에 어떤 이미지(image)를 형성할 때까지 각 스트로크를 반복하라. 그러고 나서 코트로 나가 스트로크가 실패했을 때 그 이미지를 회상하려고 하라. 그것은 스윙을 바로잡도록 하는 데 도움을 줄 수 있어야 한다.

결국 자신은 스스로의 포옴을 잘 인지할 수 없기 때문에 거울을 사용하면 알 수 있다. 예를 들면 많은 선수들은 포핸드에 라켓을 뒤로 빨리 가져갔을 때 라켓이 어디에 있는지 알기 위해서 거울속에서 점검하라. 만약 라켓이 너무 높다면 스윙을 조정하고 올바른 동작이 버릇처럼 될 때까지 거울 앞에서 스윙을 계속하라.

2. 볼의 릴리스를 보다 일관성 있게 하라
(Make your ball release more consistent)

　만약 일관성 있는 볼 릴리스(release)를 갖고 있지 않다면 결
코 믿을 만한 서어브로 발전시킬 수 없을 것이다.　천정이 높은
실내에서 혹은 죠지 라트가 시범을 보이고 있는 것과 같이 테니
스 코트 주위에 있는 건물이나 담장 가까이의 야외에서 볼의 릴
리스 연습을 하므로써 그런 일관성을 얻을 수 있다.　라켓을 쭉
뻗어 약간 앞으로 스윙시킨 상태에서 볼 접촉점의 높이를 점검
하라.　천정이나 실외 담의 어떤 부분이나 코트의 담장과 관련지
어 그 점이 어디인지를 주목하고 볼이 항상 접촉점에 오를 수 있
도록 릴리스 연습을 하라. 매번 똑같은 높이에서 볼을 올릴 수
있다면 서어비스 리듬을 증진시키는 데 도움이 되도록 볼을 치
지 말고 스윙만 하라. 사실상 정면 그리고 약간 몸의 옆으로 볼
을 릴리스하고 있는 것을 확인하는 방법으로 지면에 볼을 떨어뜨
림으로써 그 위치를 보고 정확성을 확인할 수 있다.

3. 백보드에서의 연습으로 스트로크의 일관성을 찾아라
(Groove your strokes at the backborad)

테니스 코트에서 파트너와 같이 볼을 치는 것보다는 적당한 백보드나 아니면 편편한 벽에서 훨씬 더 집중된 연습을 할 수 있다. 거의 어떠한 스트로크도 백보드에서 연습되어질 수 있다. 그러나 백보드 연습에서 최대의 효과를 얻는 데 대한 비결은 볼을 너무 강하게 치지 않는 것이다. 많은 선수들은 볼을 강타하기를 좋아한다. 그 결과로 볼이 너무 빨리 튀어나와 다음 스트로크를 위해 정확하게 준비할 시간을 가질 수 없다.

그라운드 스트로크를 연습할 때 벽에서 30피이트 정도 떨어져 서라. 완전한 백스윙을 하고 폴로우 드루로 완전하게 하라. 목적은 일관성 있는 스트로크를 재생시키기 위한 것이어야 한다. 벽에 있는 고정된 표적을 겨냥하여 명중시킬 수 있는 직접적인 타구의 수를 계산하라.

론 홈버그와 토니 트라버트가 여기에 보이고 있는 것과 같이 파트너와 함께 백보드에서 연습할 수도 있다. 파트너와 함께 치는 것은 테니스 시합의 리듬에 접근할 수 있다. 그러나 이 경우에는 보통 시합을 할 때와는 달리 내내 똑같은 위치에서 치는 것 대신에 볼을 따라 교대로 이동해야 할 것이다.

4. 볼을 바운드시키는 연습으로 조정력을 높여라
(Bounce the ball for better control)

손에 라켓을 갖고 있을 때는 언제나 빌 프라이스가 하고 있는 것과 같이 공중이나 혹은 지상에 볼을 단지 바운드시키는 동작만으로도 손과 눈의 협응력(Coordination)을 향상시킬 수 있다. 놓치지 않고 몇 번이나 볼을 바운드시킬 수 있는가를 알기 위하여 자신이 시험을 해 보라. 처음에는 상상하던 것보다 훨씬 더 어렵다는 것을 알게 될 것이다. 왜냐하면 단순하게 보이는 연습이긴 하지만 일관성을 얻기란 쉽지 않다. 바운드시키는 연습은 라켓 위에 있는 볼에 대한 느낌을 또한 향상시킬 수 있다.

만약 드롭 샷에 필요한, 예민한 볼 감각을 익히고자 한다면 볼을 공중에 던져서 그 볼을 거의 바운드 없이 라켓에 잡으려고 하라. 그것 또한 보기보다는 어렵다는 것을 알게 될 것이다.

5. 샤도우 스트로킹으로 스피드를 길러라
(Speed up your game with shadow stroking)

　샤도우 스트로크(shadow stroke)란 볼 없이 라켓으로만 스윙연습을 하는 것으로, 정상적인 테니스 스트로크나 발동작을 연습하는 것이다. 지하실에서나 차도 위에서나 코트 밖에서 기다리고 있을 때나　언제든지　상상으로 스윙연습을 할 수 있다. 완벽한　지점까지　경기하고 있는 것을 상상하면서 하라. 그리고 움직일 때 스스로 스트로크 이름을 부르면서 하라.

　예를 들면 서어브를 넣고 네트를 향해 전진하기도 하고, 첫번째 발리를 위해 잠시 멈추기도 하고,　다음 발리를 위해 이동하고, 스매시를 위해　물러나기도 하고, 완전한 승리를 위한 결정적인 발리를 위해 다시 이동할지도 모른다. 가능하면 빨리 짧은 스텝으로　옆으로 뛰어서 이동하라. 꼭 모든 스트로크를 충분히 실행하고 정면에서 가상적인 볼 접촉이 이루어지도록 하라. 변화 있는 연습을 하기 위해서 친구에게 스트로크 이름을 부르게 하고 부르는 스트로크의 스윙을 행하는 방법도 좋을 것이다. 이러한 연습은 실제의 시합에서와 같이 발끝으로 민첩하게 움직여야 한다.

6. 발리연습은 벽을 등지고 하라
(Practice volleys with your back)

많은 주말의 테니스 선수들은 힘찬 발리 동작이 어렵다는 것을 잘 알고 있다. 왜냐하면 그들은 라켓 스윙을 너무 길게 한다. 만약 발리 때 긴 백스윙을 갖는다면 라켓을 앞으로 스윙할 수 있는 것보다 볼이 빨리 다가올 것이고 보통 결과는 잘못 맞거나 심지어 맞힐 수도 없게 된다. 치료책은 벽을 등지고 서서 발리연습을 하는 것이다. 벽은 어깨보다 멀리 라켓을 뒤로 가져가는 것을 막아 줄 것이다. 짧은 스윙으로 가상적인 볼을 앞으로 후려칠 수 있다. 이것은 시간이 날 때면 언제나 집에서나 코트에서 차례를 기다릴 때 철로 된 담장에 기대어 서서 연습을 할 수 있다.

최선의 테니스를 위한 발전적 전략

형태나 포옴을 익히기 위하여 테니스를 하는 것이 아니라 테니스를 위하여 정확하고 구체적인 방안을 세워야 한다.

테니스는 스태미너, 민첩성, 근력을 요구하는 스포츠다. 이러한 자질은 이 부분에서 보여진 것과 같은 연습을 포함하는 규칙적인 컨디션 조절의 프로그램을 통하여 가장 잘 성취할 수 있다.

모든 선수의 운동욕구는 물론 다르다. 그래서 능력에 적합한 프로그램을 구체적으로 세워야 한다. 만약 제시된 어떠한 운동을 수행할 능력에 관하여 의심을 갖고 있다면 운동을 시도하기 전에 내과의사와 상의하라.

1. 달리기로 스피드와 스태미너를 길러라
(Run for speed and stamina)

만약 다른 어떠한 운동을 할 수 없다면 규칙적인 런닝(Running)이 테니스 경기를 최대한도로 도와 줄 것이다. 그것은 심폐기능을 향상시키고 동시에 하지근육을 강화시켜 준다.

그러나 단지 조깅(Jogging)만으로는 테니스에 충분하지 않다. 민첩성을 증진할 수 있고 일련의 짧은 전력질주를 하므로써 스태미너를 증진시킨다. 로이 에머슨이 여기서 하고 있는 것과 같이 할 수 있는 한 빨리 테니스 코트의 전장을 달려라. 그리고 호흡이 정상으로 되돌아 올 때까지 천천히 달려라. 그러고 나서 다시 하라.

만약 런닝이 마음에 들지 않는다면 자전거 타기를 시도해 보라.

2. 빠른 발동작을 위해 줄넘기를 하라
(Skip rope for faster footwork)

빠른 발동작은 좋은 테니스 경기의 가장 기초가 된다. 빠르게 출발할 수 있어야 하고 볼을 치기 위해, 적당한 위치를 잡기 위해 재빠르게 멈추어야 한다. 즉 항상 받은 볼을 따라다녀야 한다.

론 홈버그가 여기에 시범을 보이고 있는 것과 같이 줄넘기를 하는 것은 발동작의 속도를 가하고 스태미너를 증진시킬 것이다. 할 수 있다면 줄을 앞과 뒤로 돌리면서 운동하라. 하루에 2분으로 시작하여 필요하다면 숨을 돌려 쉬면서 5분까지 점차로 늘려가라.

만약 줄넘기하는 것을 좋아하지 않는다면 코트나 차트에서 약 6피트 정도의 간격으로 줄지어 테니스 볼을 놓아 둔 다음 그 사이를 달림으로써 발동작을 향상시킬 수 있다. 회전 활강코스에 있는 스키를 타는 사람처럼 라인을 들어갔다 나왔다 하라. 즉 지그재그 런(Zig Zag Run)을 하라는 것이다.

3. 아이소메트릭 훈련법으로 근력을 강화하라
(Use isometric to build muscles)

 여가가 있을 때마다 적절한 아이소메트릭(정적 근력강화법)운
동을 하므로써 어깨와 팔 그리고 손목근육을 강화시킬 수 있다.
이런 운동에서는 거의 팔이나 몸의 동작 없이 각각 다른 물체나
고정된 시설물을 이용, 근육은 단지 밀어 주면 된다. 예를 들면
빅 세이사스가 여기에 보이고 있는 것과 같이 한 손으로 주먹을
쥐고 다른 손의 평평한 손바닥에 밀 수 있다. 열을 셀 동안 그것
을 하고 손을 바꾸어 하라. 텔레비젼을 보거나 책상에 앉아 있
을 동안에 이런 운동을 할 수 있다. 혹은 차에서 불을 기다리고
있을 동안에 자동차의 핸들을 밀므로써 이런 운동을 변형하여 할
수 있다.

4. 유연성을 위해 다리 근육을 뻗쳐 이완시켜라
(Stretch your leg muscles for flexibility)

많은 주말의 테니스 선수들은 기동성이 약하고 몇몇 사람들은 심지어 삐기도 한다. 왜냐하면 다리근육의 유연성이 결여되어 있기 때문이다. 토니 트라버트가 여기 하고 있는 방법으로 다리근육을 뻗음으로써 유연성을 얻을 수 있다.

다른 다리를 뒤로 쭉 뻗고서 한쪽 무릎을 앞으로 구부려라. 뛰지 않고 부드럽게 뻗어 다섯을 셀 동안 그 위치에 그대로 있어라. 처음에 서너 번 반복하므로써 부드럽게 하고 열 번까지 반복해 주어라.

이 운동은 또한 시합을 하기 위해 코트에 나가기 전에 유연하게 몸을 풀어 주는 좋은 방법이다. 그것은 다리근육을 풀고 이리하여 처음 몇 시합에서 너무 심하게 근육이 당기는 일이 없도록 해 줄 것이다.

5. 강력한 서어브를 위해 복근을 강화하라
(Strengthenn your stomach muscles for powerful serve)

배와 등근육은 서어브 넣을 때 몹시 피로하게 된다. 그래서 컨디션 조절을 위한 계획은 이러한 근육에 대한 것은 물론 그 이상의 여러 가지 운동을 포함해서 해야 한다. 가장 효과적인 것 중의 하나는 여기 빅 세이사스에 의해 시범 보여진 것처럼 고개와 다리를 들어 V자형을 유지시켜 복근을 강화하는 것이다.

정면에 다리를 쭉 뻗고서 옆에 팔을 두고 앉은 자세로 시작하라. 가능하면 곧게 다리를 펴고 손가락 끝이 발가락에 닿도록하라. 수그린 자세에서 시작하므로써 더 강하게 운동을 할 수 있다. 그러나 처음부터 불가능하다고 포기해서는 안 된다. 하기 쉬운 자세에서 시작하면 누구나 가능해질 것이다. 윗몸 일으키기(Sit-ups), 팔굽혀 펴기(Push-ups) 등도 복근을 강화시킬 것이다. 그러나 이러한 종류의 운동은 격렬하기 때문에 조심해야 한다. 그러므로 등에 문제가 있을 때는 먼저 의사와 상의해 본 후 실행에 옮기는 것이 좋다.

★ 편역자 소개 ★

- 國立 慶尙大學校 師範大學 體育敎育科 졸(體育學 學士)
- 國立 慶北大學校 大學院 體育學科 修了(體育學 碩士)
- 國立 慶北大學校 大學院 體育學科 修了(理學 博士)
- 英國 University of Stathclyde 파견교수

★현 재★

- 국립 경상대학교 사범대학 체육교육과 교수, 사범대 부학장
- 英國 University of Stathclyde의 "International Research Center for Socialisation and Sport in Society" 객원 연구원
- IJHS(International Journal of the History of Sport)의 편집위원

★논 문★

- "19C 영국 스포츠의 확산과 Athleticism의 출현과 성장배경"(한국체육학회지).
- "Sport, Religion and Nationalism:Christianity and the Mordern History of Korea"(IJHS)외 다수

★저 서★

- 배드민턴 기법
- 배드민턴 강좌
- 야외활동과 교육
- 움직임 교육과학과 스포츠
- 스포츠의 세계:스포츠 명언·명구 1,300選
- 영국 엘리트 교육과 어틀레티시즘. 1815-1914
- 영국 신사 스포츠와 제국주의

★역 서★

- 테니스의 타법과 전략(Tony Trabert(ed.) How to win How to Play)
- 페어 플레이:스포츠와 교육에 있어서의 윤리학(P. C. McIntosh. Fair Play:Ethics in Sport and Education)

테니스의 타법과 전략

■ 저 자 / 테니스 매거진지
■ 편역자 / 하　　남　　길
■ 발행자 / 남　　　　용
■ 발행소 / 일신서적출판사

주 소 : 121-110 서울 마포구 신수동 177-3
등 록 : 1969. 9. 12. NO. 10-70
전 화 : 영업부 703-3001~6
　　　　편집부 703-3007~8
　　　　F A X　703-3009
ⓒ ILSIN PUBLISHING Co. 1990.